Felice Costabile - Rossella Laurendi

LE ORIGINI DEL PROCESSO FORMULARE DOPO LA SCOPERTA DELLA FORMULA DI MUCIO SCEVOLA

«L'ERMA» di BRETSCHNEIDER EDITORE IN ROMA

Felice Costabile - Rossella Laurendi

Le origini del processo formulare dopo la scoperta della Formula di Mucio Scevola

Via Marianna Dionigi, 57 – I – 00193 Roma
www.lerma.it

70 Enterprise Drive, Suite 2 Bristol, CT 06010 – USA
lerma@isdistribution.com

Sistemi di garanzia della qualità
UNI EN ISO 9001:2015

Sistemi di gestione ambientale
ISO 14001:2015

Felice Costabile - Rossella Laurendi
Le origini del processo formulare dopo la scoperta della Formula di Mucio Scevola / Roma: «L'ERMA» di BRETSCHNEIDER, 2022. - 106 p. ill.; 21 cm.

ISBN CARTACEO: 978-88-913-2674-4

CDD 340.53

Epigrafia / Diritto Romano

SOMMARIO

Felice Costabile

Premessa

Questo volumetto costituisce l'estratto a scopo didattico del volume della rivista «Minima Epigraphica et Papyrologica» XXIV (2021) 26, interamente dedicato alla scoperta archeologica della Villa suburbana di una famiglia di grandi giuristi tardorepubblicani. Nel volume sono raccolti gli Atti del Convegno La 'Villa del Giurista' sull'Aniene: la scoperta della Formula di Mucio Scevola, tenutosi a Roma nella giornata del 19 Settembre 2019 per iniziativa del Dipartimento di Eccellenza di Giurisprudenza, Economia e Scienze Umane dell'Università Mediterranea di Reggio Calabria, del Museo Nazionale Romano, della Soprintendenza Speciale di Roma ai Beni Archeologici, e del Deutsches Archäologisches Institut Rom, sotto l'alto patrocinio del Ministero dell'Università e della Ricerca.

Il riconoscimento della villa del grande giurista Quinto Mucio Scevola (140-†82 a.C.) rivela lo straordinario programma propagandistico di affreschi con cui il figlio o il nipote, mentre Cesare si accingeva a una riforma della giurisprudenza, rivendicò come "gloria di famiglia" l'innovativa introduzione della scrittura in sostituzione dell'arcaica oralità nel processo privato romano e l'invenzione (attorno al 225-175 a.C.) di un tipo di 'formula' scelta dall'Editto del pretore come la più adatta al caso portato in giudizio.

Si apre così uno squarcio nel buio che avvolge l'origine di una forma evoluta dell'azione processuale civile, la cui funzionalità è perenne lascito di Roma antica al mondo moderno. Chi non ricorda Mucio Scevola, il cui nome fu consacrato dalla leggenda quando attentò alla vita di Porsenna, il re di Chiusi che assediava Roma dopo la cacciata di Tarquinio il Superbo? L'attentato fallì e Mucio punì la sua mano destra bruciandola sopra un braciere di fronte al re che, ammirato di tanto coraggio, tolse l'assedio: da quel giorno Mucio fu detto Scevola, *cognomen* che si voleva significasse "che ha solo la mano sinistra" (*scaeva*), trasmesso con orgoglio di padre in figlio a memoria dell'eroe.

Da lui era convinta di discendere una delle famiglie più illustri della nobiltà plebea del III-I secolo a.C., che diede a Roma alcuni fra i maggiori giuristi. Tutti si chiamavano, di generazione in generazione, *Mucii Scevolae* e il loro prenome, con poca fantasia, era immancabilmente Publio o Quinto. Fra costoro, Quinto, assassinato durante i disordini civili dell'82 a.C. malgrado fosse Pontefice Massimo, fu celeberrimo interprete del diritto, celebre tuttavia anche per la frugalità dei costumi spartani, o meglio catoniani.

Nel 2018 mi è stato possibile identificare la sua villa nel suburbio di Roma, una decina di Km fuori delle mura Aureliane, sotto il Cavalcavia di Salone del Grande Raccordo Anulare dell'A24. Lo scavo archeologico era stato condotto nel 2013, senza che fosse riconosciuta la titolarità della villa, per la Soprintendenza Speciale di Roma: si deve all'archeologa Claudia Angelelli la pubblicazione di puntuali relazioni preliminari, rilievi e studio delle varie fasi della villa, usata per oltre tre secoli.

Costruita fra il 120 e il 90 a.C. sulla riva destra dell'Aniene, solo nel 41-40 a.C. la parte signorile dell'abitazione fu ornata da un raffinato ciclo pittorico con i più diversi e consueti motivi figurativi, attribuiti al secondo stile. Fra questi, meno frequente è la rappresentazione della strumentazione per scrivere: calamai, penne per inchiostro e stili per incidere sulla ceralacca, tavolette lignee cerate, papiri e casse cilindriche per contenerli, scrigni, tutti esposti su una mensa modanata o sotto di essa.

Siamo abituati da Pompei e da Ercolano a vedere l'ostentazione di tale messaggio di acculturazione nella casa romana, ma è un *unicum* sia la 'concentrazione' nello stesso affresco di tanti *instrumenta scriptoria*, sia che essi annoverino alcune eccezionali epigrafi rimaste inedite.

Il documento più stupefacente reca scritto un nome, quello di Mucio Scevola, che fu portato da almeno quattro o cinque giuristi fra il 225 e l'82 a.C. I soli *nomen* e *cognomen* di famiglia, comunque, non basterebbero ad accertare l'identità del costruttore della villa sull'Aniene. Columella però, nel trattato *De agricultura*, e Plinio nella *Naturalis Historia* additano la villa costruita dal giurista Quinto Mucio Scevola (140-†82 a.C.) come unica per la ridottissima estensione. Plinio, anzi, ironizza sul fatto che, mentre la confinante e contemporanea villa di Lucullo era così grande da avere più terra da scopare sui pavimenti che da dissodare nei campi, quella di Mucio, per la sua smania d'essere più austero e parsimonioso dello stesso Catone il censore, era invece così piccola da non potervi stoccare nemmeno i prodotti dei terreni: due opposti eccessi da non seguire per il bravo conduttore di un'azienda agricola!

Ora la villa sull'Aniene, pur con gli ampliamenti successivi alla morte del parsimonioso costruttore, non arriva a un ettaro, contro uno standard delle ville romane dell'epoca che va da 4 a 10.

Del resto, la testimonianza di uno degli affreschi sulla straordinaria frugalità della mensa della villa coincide puntualmente con quanto le fonti storiche tramandano per Quinto Mucio.

Ateneo, infatti, riprovando lo sperpero generale dei pranzi pantagruelici a base di stravaganti prelibatezze d'importazione (come ostriche, murene, pavoni etc.), loda l'insolita sobrietà della tavola di Quinto Mucio Scevola, del suo amico Publio Rutilio Rufo, anche lui giurista e ricordato nel lembo superstite di una tavoletta cerata dipinta su una parete della villa, e di Elio Tuberone: erano questi i soli tre romani, «fra decine di migliaia di persone», rispettosi della legge fatta votare invano dal tribuno della plebe Fannio contro il lusso nei banchetti (*lex Fannia sumptuaria*).

Ebbene, in un affresco della villa è rappresentata una striscia di pergamena srotolata sul tavolo e scritta con un 'promemoria della spesa' (*memorandum sumptuarium*) di generi alimentari, completi di quantità e prezzo, molto popolari e di basso costo, ben diversi dalle esotiche e dispendiose pietanze ancor oggi dette 'luculliane'. La pergamena indica perfino il giorno e il luogo dell'acquisto: il 16 gennaio dall'ortolano Genzio. Con una complessa dimostrazione, che è contenuta in questo estratto, sono riuscito ad accertare che l'anno è il 40 a.C.

Conosciamo altri *memoranda sumptuaria* nelle città romane, graffiti o dipinti sui muri dei ristoranti e degli alberghi con la stessa funzione pratica, ed effimera per la sua quotidianità, dei nostri menù. Qui, invece, un'apparentemente banale lista della spesa di un giorno qualsiasi assurge alla massima ostentazione in un ciclo pittorico, che trasmette un messaggio destinato a durare virtualmente nel tempo, e che restò esposto almeno due secoli prima di essere staccato e scaricato in una cantina, per giungere infine a noi. Il motivo non poteva che essere la celebrazione della proverbiale frugalità di Quinto Mucio, tale da essere ricordata a secoli di distanza da Columella e da Plino il Vecchio!

Nella lista, l'unità monetaria è il tipico numerario: infatti, in funzione di essa sono misurati tutti gli altri beni, cioè scorza (*cutis*), focaccette (*offulae* = le nostre 'offélle', di cui due rappresentate accanto al papiro), verdure (*holera*), ceci (*cicer*), sfoglie (*sollae*), grano (*triticum*) e, unico prodotto un po' più costoso, il vino, menzionato anche in una tavoletta cerata. L'aspetto stupefacente, come ha rilevato il matematico economista Massimiliano Ferrara, sta nel fatto che già nel I secolo a.C. si facesse uso, nella pratica commerciale, di un concetto, assurto a strumento teorico della trasposizione di beni solo nel periodo economico neoclassico dello scorso secolo.

L'eccezionalità della scoperta sta però anche nel fatto che le iscrizioni dipinte si sono rivelate di un interesse fuori del comune anche per la conoscenza della giurisprudenza, la grande eredità che Roma ha lasciato a tutto il mondo moderno (il diritto romano è oggetto di studio dal Giappone all'Asia, dall'Europa all'America Latina, e in Cina, dopo la traduzione in cinese dei *Digesta* di Giustiniano, è usato nella prassi dei tribunali).

Per questa ragione gli affreschi costituiscono un *unicum* fra le scoperte archeologiche del genere: nella rappresentazione degli strumenti scrittorî raramente la scrittura è dipinta per essere intellegibile e quando lo è non reca né nomi illustri né formule giuridiche.

Questi affreschi, invece, ritraggono alcune tabelle cerate con nomi di famosissimi giuristi e due di queste, le meglio conservate, costituiscono un dittico aperto, sono cioè due tavolette congiunte da una cerniera e poggiate sul bordo di un tavolo, con la prima pagina in penombra sul ripiano e la seconda, pendente dal bordo, in piena luce. Sulla prima pagina cerata si legge in caratteri corsivi arcaici su fondo rosso l'inizio di una frase propria di una serie di formule dell'Editto o Albo del pretore, che era una sorta di 'codice di procedura civile' e di 'codice civile' insieme, costituito da singole 'formule' come i nostri codici lo sono da singoli 'articoli'. Si tratta dunque non di una formula determinata, ma del prototipo di una serie, al quale, proprio per la sua generalità, si attribuiva valore simbolico. Tale prototipo consiste nella nomina, da parte del pretore, del giudice di una causa, in forma però anonima, e dunque generica, cioè senza il nome personale: «Iudex esto. Sei parret ...», cioè «vi sia il giudice (della causa). Se è dimostrato ... ».

La 'paternità' di questo *incipit*, comune a tutta una categoria di azioni processuali, è attribuita dall'iscrizione stessa a un Mucio Scevola, del quale è omesso il prenome, abitualmente indicato prima del *nomen* di famiglia (*Mucius*) e del *cognomen* personale (Scaevola), i *tria nomina* che individuavano il cittadino romano. Sulla seconda pagina del dittico si legge infatti: «Formula Mucci Scaevlae» (nel parlato per *Mucii Scaevolae*), cioè «Formula di Mucio Scevola», preceduta da una "*e*" nella pagina precedente; il senso completo era dunque che la nomina del giudice proveniva dalla formula di Mucio Scevola.

Tuttavia questi otto vocaboli comunicavano un intero universo a chi sapesse intenderli, come se oggi si dipingessero su una parete le parole «nel mezzo del cammin di nostra vita ...», o, appunto, la 'formula' di Einstein «$E = mc^2$».

Tutti capivano che il testo doveva integrarsi così: *Si parret ... iudex condemnato, si non parret absolvito*, cioè «Se è dimostrato che ... il giudice condannerà, se non è dimostrato assolverà». Questo tipo di azione del processo civile romano è detta 'con *intentio certa*', cioè con una richiesta di chi prende l'iniziativa dell'azione giudiziaria (attore) esattamente determinata nell'oggetto rivendicato. Essa comportava una precisa corrispondenza fra pretesa dell'attore e prova che doveva fornire del suo diritto: se la controparte convenuta in giudizio provava che la pretesa era errata anche per un solo sesterzio (= 1 euro) su un milione, l'attore perdeva la causa, contrariamente a quanto avveniva nei processi di buona fede (*bonae fidei iudicia*), nei quali il giudice poteva stabilire un approssimativo ma equo risarcimento.

Si apre così una finestra su una realtà sconosciuta finora, e la tradizione giurisprudenziale della famiglia dei *Mucii Scaevolae*, orientata sui principi di equità e buona fede, rivela fin dall'origine grande attenzione all'opposto severo principio di certezza (*verum*) del diritto, che ancor oggi chiamiamo *ius strictum*. Certamente ciò accadde in epoca precedente sia a Publio (†115 a.C.) sia al figlio Quinto (†82 a.C.), ad opera di un loro antenato riconoscibile in uno dei giuristi operanti negli anni 225-175 a.C. Tali azioni create da un Mucio Scevola segnarono, secondo una convincente ipotesi di Rossella Laurendi, la nascita di un nuovo tipo di processo scritto, detto *per formulas* (cioè impostato sulla scelta del più adatto al caso fra i numerosissimi 'articoli' del 'codice'), un processo evoluto e 'moderno', tuttora remota origine del nostro. Esso si affiancò e gradualmente sostituì, fino a soppiantarlo, l'arcaico processo orale *per legis actiones*, fondato soltanto su cinque formule facilmente memorizzabili ma inadeguate alla molteplicità dei casi di una economia globale e 'internazionale', qual era divenuta quella della tarda repubblica. Di tutto ciò abbiamo per la prima volta una documentazione pressoché contemporanea, precedente di 6//7 secoli a tutte le notizie che ce ne erano giunte.

Il programma pittorico costituisce dunque la celebrazione di 'glorie di famiglia' nella tradizionale severità dei costumi e nella creatività della giurisprudenza. Ma chi fu il committente degli affreschi? La loro cronologia è stilisticamente posteriore di circa un quarantennio all'uccisione, nell'82 a.C., del Quinto Mucio che costruì la villa. Pertanto committente ne fu probabilmente il figlio o il nipote: sembra che egli, di fronte ai dotti frequentatori della villa ereditata dal padre o dal nonno, abbia voluto rivendicare il retaggio intellettuale dei suoi antenati e il primato di famiglia nell'invenzione del nuovo tipo di processo. Era l'epoca in cui prima Pompeo e poi Cesare avevano meditato una profonda riforma e razionalizzazione del diritto civile sulla base dell'equità e Cesare ne aveva dato incarico ad Aulo Ofilio, un cavaliere, che per la prima volta spezzava il monopolio della nobiltà nella creazione e nell'interpretazione del diritto. Il committente degli affreschi ricordava dunque agli illustri frequentatori della sua dimora che non bisognava dimenticare i meriti della sua famiglia e della nobiltà repubblicana di fronte al nuovo emergente e rampante ceto equestre.

Felice Costabile

ROSSELLA LAURENDI

ORALITÀ E SCRITTURA NEL PROCESSO CIVILE ROMANO: I DOCUMENTI DELLA PRASSI E LA *FORMVLA MVCCĪ SCAEV<O>LAE**

SOMMARIO. **1.** *Nuova documentazione sulla scrittura nel processo formulare: impostazione dell'indagine.* **2.** *Il dibattito su oralità e scrittura della formula processuale fra XIX e XX secolo.* **3.** *Vecchie e nuove prove documentali sul valore dispositivo della scrittura nella confezione della 'formula iudicium'.* **4.** *La conferma della convenzionalità della* litis contestatio. **5.** *Dalla convenzionalità* della litis contestatio *al valore decretale della* formula-iudicium. **6.** *Celebrazione dell'*instrumentum scriptorium *e 'propaganda' della 'invenzione' del processo formulare negli affreschi della Villa di Quinto Mucio Scevola.* Abstract. Keywords.

1. *Nuova documentazione sulla scrittura nel processo formulare: impostazione dell'indagine.*

La scoperta della *Formula Muccī Scaeu*<o>*lae*, riprodotta su un affresco datato al 40 a.C.[1], riaccende, come l'*editor princeps* dello straordinario documento si attendeva, «il mai sopito dibattito sulla scrittura o sull'oralità della formula processuale»[2]: Felice Costabile si è infatti dichiarato convinto, sia pure in una fase iniziale della ricerca, che nel processo formulare, dopo la *litis contestatio*, la redazione scritta della *formula – iudicium* fosse una prassi obbligata e necessaria e «che il problema della natura costitutiva, sostanziale, dichiarativa o probatoria della forma scritta»[3] sia una rappresentazione della dottrina moderna mai con questo lessico e in questi termini teorici definito dalla giurisprudenza romana.

---

* *Il testo riproduce la relazione svolta in occasione del Convegno internazionale "La «Villa del giurista» sull'Aniene e i suoi affreschi. La scoperta della formula di Mucio Scevola", ampliata, aggiornata e arricchita di note e bibliografia. Mi ripropongo di esaminare più esaustivamente il rapporto fra il nuovo documento e il problema dell'origine del processo formulare in uno studio in corso.*

[1] Vedi ora F. COSTABILE, *Il* memorandum sumptuarium *della Villa del Giurista sull'Aniene e la datazione degli affreschi con la formula processuale di Mucio Scevola*, «TSDP» XIX (2021), pp. 12 ss.

[2] Così F. COSTABILE, (*et Alii*), *L'archetipo di formula processuale dell'Editto «Iudex esto. Si paret ...»: l'invenzione di Mucio Scevola delle azioni con* intentio certa*. La scoperta degli affreschi della 'Villa del Giurista' sull'Aniene a Roma*, «MEP» XXI (2018) 23, p. 100.

[3] COSTABILE, *L'archetipo di formula* cit. a n. 1, p. 101.

Tuttavia, come acutamente puntualizzato da Mario Amelotti, la «questione non è semplice né giova a superarla la superficiale affermazione che tra scrittura come presupposto della validità della formula ed abituale documentazione non fa pratica differenza»[4].

Bisogna anzitutto richiamare il contenuto del documento nella lettura data da Costabile e rivista da Mayer[5]:

Tab. I pag. 2	IVDIIX IISSTO SIII· PARRIITII	*iudex .... essto* *sei· parret e*
Tab. II pag. 3	FORMVLA MVCCI·SCAIVLAII	*formula* *Mucci·Scaeulae*

Fig. 1. Dittico in affresco con la Formula di Mucio Scevola, dalla Villa del Giurista sull'Aniene.

Ricostruzione grafica.

Secondo l'esegesi del Costabile la raffigurazione della formula iscritta sul dittico di tabelle cerate è intesa a evocare l'invenzione, anteriore all'epoca dell'affresco, dell'archetipo delle formule processuali con *intentio certa*[6].

L'espressione *e | formula Muccī Scaeu*<o>*lae*[7] ascrive la paternità di tale archetipo a un Mucio Scevola, del quale non è indicato il *praenomen*. Costabile propose d'individuarlo nel Quinto, figlio di Publio, candidato al consolato nel 220 a.C. oppure nel di lui figlio Publio, che potrebbe aver introdotto nell'Editto le formule di quel tipo durante la sua pretura urbana nel 179 a.C.[8].

Le considerazioni dell'*editio princeps*, tanto preliminari quanto dense di potenzialità di sviluppo, meritano ora un approfondimento soprattutto se messe in relazione con un saggio del 1964 di Arnaldo Biscardi, *Contro la*

---

[4] M. AMELOTTI, *Genesi del documento e prassi negoziale,* in Contractus *e* pactum*: tipicità e libertà negoziale nell'esperienza tardorepubblicana. Atti del Convegno di diritto romano e della presentazione della nuova riproduzione della* Littera florentina [Copanello 1-4.06, 1988], a cura di F. Milazzo, Napoli 1990, p. 314 (= *Scritti giuridici*, a cura di L. Migliardi Zingale, Torino 1996, p. 167), criticando la posizione assunta da M. KASER, *Das Römische Zivilprozessrecht*, München 1966, p. 237 per il quale «Für die Form der *formula* wird daraus zu folgern sein: Als Bestandteil des magistratischen Dekrets das mündlich verkündet wird, ist sie nicht von vornherein an Schriftlichkeit gebunden. Doch versteht es sich sowohl nach ihrer Bedeutung wie nach ihrem technisch stilisierten Inhalt, der jedem Wort eine besondere Bedeutung zuweist, daß man schon die Entwürfe und erst recht die endgültige Fassung scheiftlich aufgezeichnet und das verkündete Dekret amtlich protokolliert hat. Von der seit alters ständing beobachteten Schriftlichkeit zeugt der bereits alte Name der *praescriptio*. Ob man einmal die Gültigkeit der Formel an die Einhaltung der Schritform gebunden hat, bleibt nach alldem fraglich, hatte aber angesichts der in allen Anwendungsfällen üblichen Beurkundung keine praktische Bedeutung».

[5] COSTABILE, *L'archetipo di formula* cit. a n. 1, p. 78 e M. MAYER I OLIVÉ, *Los* Scaevolae *de Cicerón y las pinturas de la denominada 'Villa del Giurista'*, edito in questo stesso volume.

[6] COSTABILE, *L'archetipo di formula* cit. a n. 1, p. 93. Sull'*intentio* come *pars formulae* vedi da ultimo F. ZUCCOTTI, *Sul preteso valore di «condemnatio» piuttosto che di «intentio» della clausola formulare «quidquid dare facere oportet». Osservazioni sulla trattazione gaiana delle «partes formularum»,* «AUPA» LXIII (2020), pp. 279-292.

[7] Sul punto si rimanda alla lettura di M. MAYER I OLIVÉ, *Los* Scaevolae cit. a n. 5.

[8] COSTABILE, *L'archetipo di formula* cit. a n. 1, pp. 101 ss.

oralità della formula processuale classica[9], saggio dall'Autore 'riversato' e approfondito nel 1968 nelle *Lezioni sul processo romano antico e classico*[10]. Le riflessioni del Biscardi erano maturate su una cospicua serie di prove indiziarie ma univoche in favore della redazione scritta della formula, tratte da fonti giuridiche, letterarie ed epigrafiche, fra cui un capitolo della *Lex Rubria de Gallia Cisalpina* in verità prima di lui, già nel 1953, chiamato in causa da Giovanni Pugliese[11]. Biscardi, tuttavia, non aveva a disposizione alcuni importanti materiali editi in tempi successivi. Quelle considerazioni meritano dunque di essere ora confrontante, anzitutto con l'esegesi data da Costabile della *Formula Muccī Scaeu<o>lae*, con un documento processuale di Pozzuoli (TPSulp. 31 = TP 34 = TPN 29) del 52 d.C., oggetto di non poche controversie nella dottrina romanistica[12] e tuttavia poco utilizzato sotto il profilo del problema 'oralità/scrittura' della formula, se non nell'accennato saggio dello stesso Biscardi – il quale pienamente consapevole della sua importanza, si doleva del fatto di conoscerne solo in parte il testo[13]– dalla Sacconi[14] e in seguito dall'Amelotti, che invece aveva a disposizione «le riletture che ne hanno fatto Bove, Wolf e Purpura»[15], ed infine con la *conuentio de iudice addicendo* del 35 d.C. di TPSulp. 22 (= TP 58 = TPN 28).

In particolare, le tabelle dell'archivio della *gens* puteolana dei *Sulpicii* potranno fornire altre risposte anche al dibattito sul processo formulare accesosi nel XIX e nel XX secolo, soprattutto nell'ambito della dottrina di lingua tedesca (germanica, austriaca, elvetica) e di lingua italiana, non solo in merito all'oralità o alla scrittura cosiddetta *ad substantiam* – o con valore dispositivo o con efficacia costitutiva – della *formula-iudicium*. Le tabelle cerate forniscono infatti spunti di riflessione su altri non meno importanti quesiti[16]: la precedenza, contestualità o posteriorità della *litis contestatio* rispetto al *decretum* magistratuale di giudicare, alla scelta e alla *nominatio iudicis*, e la spettanza di quella scelta al pretore o invece agli stessi litiganti.

---

[9] A. BISCARDI, *Contro la oralità della formula processuale classica*, in *Studi in onore di Biondo Biondi*, I, Milano 1964, pp. 649-666.

[10] A. BISCARDI, *Lezioni sul processo romano antico e classico*, Torino 1968, pp. 210-244 e pp. 447-455.

[11] G. PUGLIESE, *La «litis contestatio» nel processo formulare*, in *Scritti giuridici in onore di Antonio Scialoja*, IV, Bologna 1953, pp. 367 ss. (= *Scritti giuridici scelti*, I, Napoli 1985, pp. 141 ss.).

[12] Sul punto vedi *infra* nel testo.

[13] BISCARDI, *Lezioni sul processo romano antico* cit. a n.10, p. 455: «Esprimo d'altro lato il rammarico di non essere riuscito a procurarmi, malgrado i tentativi fatti a tale scopo, la documentazione inedita di quelle tavolette puteolane, qualche tempo fa rinvenute a Pompei, ed alle quali volle accennare l'Arangio Ruiz nell'assemblea perugina della 'Società italiana di storia del diritto' … una di esse conterrebbe appunto il vero e proprio testo di una formula dell'*actio certae creditae pecuniae*, con *praescriptio* '*era res agatur de sponsione*'. Non era da escludere, infatti, che da codesta documentazione potesse già scaturire un decisivo contributo idoneo a dissipare ogni dubbio sulla redazione scritta della formula processuale classica».

[14] G. SACCONI, *Studi sulla* litis contestatio *nel processo formulare*, Napoli 1982, pp. 21 ss.

[15] AMELOTTI, *Genesi del documento* cit. a n. 4, p. 315, cui ora vanno aggiunte le edizioni di G. CAMODECA, Tabulae Pompeianae Sulpiciorum. *Edizione critica dell'archivio puteolano dei* Sulpicii, Roma 1999, pp. 97-99 e J. G. WOLF, *Neue Rechtsurkunden aus Pompeji.* Tabulae Pompeianae Novae, Darmstadt 2010, pp. 59-60.

[16] Già SACCONI, *Studi sulla* litis contestatio cit. a n. 14, p. 27 aveva intuito l'importanza di TPSulp. 31 «per chiarire anche altri aspetti della procedura formulare»; tuttavia le conclusioni alle quali giunge non appaiono sempre del tutto condivisibili avendo la studiosa a disposizione una edizione incompleta di quello che ormai è da ritenersi un trittico e non più un dittico. Sul punto vedi *infra* nel testo.

Fig. 2. J. Partsch.

Fig. 3. R. de Ruggiero.

2. *Il dibattito su oralità e scrittura della formula processuale fra XIX e XX secolo.*

Si sostiene[17] che il dibattito sull'oralità o sulla scrittura della formula processuale risalga all'alba del XX secolo, quando Joseph Partsch vi dedicò la fondamentale trattazione *Die Schriftformel im römischen Provinzialprozeße*, edita a Breslau nel 1905[18].

Nello stesso anno Siegmund Schloßmann formulava, dall'alto della sua *maior auctoritas* accademica, la prima contestazione al più giovane collega, affermando l'opposta tesi dell'oralità nella sua monografia *Litis contestatio: Studien zum römischen Zivilprozeß*, stampata a Leipzig e seguita dopo un biennio, nel 1907, da *Praescriptiones und praescripta verba*[19]. Schloßmann, tuttavia, incorse ben presto per entrambe le opere nelle acute critiche di Roberto de Ruggiero che in due tempestive recensioni ne demoliva l'impianto logico, esegetico e metodologico[20], così rivalutando la tesi di Partsch.

Tuttavia la *communis opinio* della primogenitura di quest'ultimo sulla scrittura della formula processuale classica non è del tutto esatta, perché essa aveva comunque avuto due precedenti: uno remoto, del 1827, ma illustre, in Friedrich Ludwig von Keller, *Über Litiscontestation und Urteil nach classischen römischen Recht*[21], e uno più recente e tuttavia non meno celebre in Moritz Wlassak, il quale argomentò 'incidentalmente' la tesi della scrittura della *formula-iudicium* in diverse sue opere a partire dal 1884 fino al 1924[22].

---

[17] V. ARANGIO-RUIZ, *Sulla scrittura della formula nel processo romano*, «Iura» I (1950), p.15, che così scriveva: «Nei primi anni di questo secolo ebbe grande voga la questione, se la formula del processo civile romano-classico, o meglio il *iudicium* preparato caso per caso davanti al pretore in conformità dei modelli esposti nell'Editto del magistrato stesso, fosse o meno istituzionalmente un documento scritto. La questione non era stata neppure posta nei decenni anteriori, benché si fosse molto vivacemente discusso intorno agli scopi ed alla scrittura della formula stessa».

[18] Su Joseph Aloys August Partsch (Breslau 1882 – Genf 1925) cfr. FRITZ PRINGSHEIM, *Joseph Partsch* in *Freiburger Universitätsblätter*, VII [Februar], Freiburg 1965, pp. 61–69; inoltre: A. ERLER, *Partsch Joseph*, in *Handwörterbuch zur deutschen Rechtsgeschichte*, V, Berlin 1984, pp. 1525–1527; R. MEYER PRITZL, *Der Rechtshistoriker und Pionier der modernen Rechtsvergleichung Josef Partsch*, «Zeitschrift für Europäisches Privatrecht» VII (1999), pp. 47-74; ID., *Partsch, Josef*, in *Neue Deutsche Biographie*, XX, Berlin 2001, pp. 78 s.

[19] Leipzig 1907. Su Schloßmann (Breslavia 1844 – Kiel 1909) cfr. D. FZ., *Schlossmann, Alexander Siegmund*, in CHR. BLANGSTRUP (redigeret af), *Salmonsens Konversationsleksikon*, XXI, København 1926, p. 26.

[20] R. DE RUGGIERO, *Teorie nuove e teorie vecchie intorno alla* litis contestatio, «BIDR» XVII (1905), pp. 149-190; ID., *Ancora sulla scrittura della formula nel processo formulare romano*, «BDIR» XIX (1907), pp. 255-269. Su Rob. de Ruggiero giusromanista (Roma 1875 – ivi 1934), figlio dell'epigrafista Ettore, cfr. E. ALBERTARIO, in *Enc.It.*, I, *App.*, Roma 1938, s.v.; A. DE NITTO, in *Diz. Biogr. degli Italiani*, XXIX, Roma 1991, s.v.

[21] F.L. VON KELLER, *Über Litiscontestation und Urteil nach classischem römischen Recht*, Zürich 1827. Sul Keller (Zürich 1799 – Berlin 1860) cfr. J.C. BLUNTSCHLI, *Keller vom Steinbock, Friedrich Ludwig* in *Allgemeine Deutsche Biographie*, XV, Leipzig 1882, pp. 570–579; J. LENGEMANN, *Das Deutsche Parlament (Erfurter Unionsparlament) von 1850. Ein Handbuch: Mitglieder, Amtsträger, Lebensdaten, Fraktionen* [*Veröffentlichungen der Historischen Kommission für Thüringen. Große Reihe* VI], München 2000, pp. 180–181; TH. WEIBEL, *Friedrich Ludwig Keller und das Obergericht des Kantons Zürich*, Zürich 2006; G. HAMZA, *Anmerkungen zu römischrechtlichen Einflüssen in der Geschichte der schweizerischen Privatrechtswissenschaft und Privatrechtskodifikation*, «Orbis Iuris Romani» VIII (2003), pp. 9–20; ID., *Entstehung und Entwicklung der modernen Privatrechtsordnungen und die römischrechtliche Tradition*, Budapest 2009, pp. 240–243.

Inoltre, sia pure nell'ottica della presunta oralità, un'anticipazione del problema si trovava anche al tramonto del XIX secolo: infatti, nel 1896 in una brevissima nota Heinrich Erman pretendeva di dimostrare che la redazione scritta della formula processuale fosse soltanto *ad probationem*[23], con un argomento testuale gaiano che, oltre mezzo secolo dopo, lo stesso Vincenzo Arangio-Ruiz – sebbene infine anche lui sostenitore, pur con qualche maggior cautela, della tesi dell'oralità – non poté fare a meno di giudicare «in verità alquanto debole»[24].

Fig. 4. F.L. von Keller.

Nondimeno, va riconosciuto all'Erman il merito di avere richiamato l'attenzione su Hor., *Serm.* II 1, 86, in cui il riferimento alla scrittura su tabelle cerate, in un *iudicium* nel quale va identificata un'*actio iniuriarum* contro Orazio convenuto come *reus* di diffamazione, è inequivocabile, né appare irrilevante che il poeta faccia pronunciare al giurista Trebazio Testa le seguenti parole: *soluentur risu tabulae, tu missus abibis*, cioè «le tavolette cerate si scioglieranno dalle risate e tu te ne andrai assolto» nonostante le maldicenze contenute nella tua satira[25].

---

[22] Come noto, egli fu strenuo assertore della contrattualità della *litis contestatio*, tema che svolse nel tempo in diverse opere: M. WLASSAK, *Edict und Klageform. Eine Romanistische Studie*, Jena 1884; ID., *Römische prozeßgesetze: ein Beitrag zur Geschichte des Formularverfahrens*, I, Leipzig 1888; ID., *Die Litiskontestation im Formularprozess*, Leipzig 1889; ID., *Der Judicationsbefehl der römische Prozesse*, Wien 1921; ID., *Die klassische Prozeßformel, mit Beiträgen zur Kenntnis des Juristenberufes in der klassischen Zeit*, Wien 1924. Sul Wlassak (Brno 1854 – Wien 1938) vedi E. ALBERTARIO, in *Enciclopedia Italiana*, XXV, Roma 1937, p. 781, s.v.; G. BORTOLUCCI, «*Rendiconti Accademia di Scienze dell'Istituto di Bologna*», Classe di Sc. Morali, s. 4ª, III (1939-1940), pp. 171 s.

[23] H. ERMAN, *Tabulae iudicii?*, «ZSS» XVII (1896), pp. 334-335. Sull'Erman (Berlin 1857 – Münster 1940) vedi: M. KASER, *In Memoriam Heinrich Erman*, «ZSS» LXI (1941), pp. 497–503; S. FELZ, *Im Geiste der Wahrheit? Zwischen Wissenschaft und Politik. Die Münsterschen Rechtswissenschaftler von der Weimarer Republik bis in die frühe Bundesrepublik*, in H.-U. THAMER – D. DROSTE – S. HAPP (Hrsg.), *Die Universität Münster im Nationalsozialismus. Kontinuitäten und Brüche zwischen 1920 und 1960* [*Veröffentlichungen des Universitätsarchivs Münster* V], I, Münster 2012, pp. 347–412; ID., *Rivalisierende Regulierungsrationalitäten. Die Diskussion der Wohnungsfrage im „Verein für Socialpolitik"und im „Bund deutscher Bodenreformer" um 1900*, in P. COLLIN (Hrsg.), *Treffräume juristischer und ökonomischer Regulierungsrationalitäten* [*Studien zur europäischen Rechtsgeschichte. Veröffentlichungen des Max-Planck-Instituts für europäische Rechtsgeschichte* CCLXXXVI], Frankfurt am Main 2014, pp. 139–164.

[24] ARANGIO-RUIZ, *Sulla scrittura della formula* cit. a n. 17, p. 19 n. 6: «L'argomento dal quale l'Erman deduceva che 'zweifellos' la formula era stata orale (almeno in origine) era in verità alquanto debole, riducendosi alla sconcordanza fra il '*recuperatores sunto*' iniziale e il '*condemnate – absolvite*' finale nella formula di Gai. 4. 46 (la prima frase, scriveva E., era pronunciata dal pretore quando i *recuperatores* prescelti erano ancora assenti, la seconda quando erano già apparsi *in iure*). Ma quanto poco si possa contare sul manoscritto gaiano per l'esatta riproduzione della desinenza dei verbi pertinenti alle formule è stato più volte ed esattamente rilevato da WLASSAK (p. es. in ZSS XXV (1904), p. 139 n. 1)». Le riflessioni in merito all'oralità della formula saranno riprese dal Maestro napoletano anche in *Documenti probatori e dispositivi in diritto romano*, in *Atti del terzo Convegno di diritto comparato*, 2, Roma 1953 (= *Studi epigrafici e papirologici*, a cura di L. Bove, Napoli 1974 pp. 425-430).

[25] Sul punto cfr. le tesi di S. BRASSLOFF, *Zu Horaz Serm. II, 1,74 ff.*, «ZSS» XXVII (1906), pp. 210 ss., e di A. MANFREDINI, *La diffamazione verbale nel diritto romano*, I. *Età repubblicana*, Milano 1979, pp. 106 ss. e bibliografia a n. 35, criticate da A. GUARINO, *Un responso di Trebazio?*, «Atti Acc. Pontaniana» XXXII (1983), pp. 190-195 (= *Pagine di diritto romano*, V, Napoli 1994, pp. 93-97), il quale ritiene che il so-

Fig. 5. Moritz Wlassak.

Fig. 6. Heinrich Erman

Con questa testimonianza è coerente quella di Quint., *Inst. or.* VI 3,83 su *formulam scribere*. Anche il retore, infatti, fa riferimento al ridicolo, benché in termini diversi dalla satira oraziana: *Quod fecisse quendam scio, qui humiliori libere aduersus se loquenti: «Colaphon» – inquit – «tibi ducam et formulam scribes, quod caput durum habeas». Hic eni m dubium est utrum ridere audientes aut indignari debuerint*; Quintiliano, dunque, sapeva quel che un tale aveva fatto allorché un uomo di umile estrazione sociale si era messo a sparlare di lui senza peli sulla lingua: l'aveva apostrofato con queste parole «Ti darò uno schiaffo e scriverai una formula [cioè sporgerai querela in tribunale] perché hai la testa dura»! Quintiliano commenta che gli ascoltatori non sapevano se ridere o indignarsi.

La tesi della scrittura da parte di Partsch, dunque, quale requisito essenziale e necessario alla validità della formula nel processo romano classico non nacque dal nulla, ma soprattutto incontrò sviluppi importanti, quando Wlassak, che – come accennavo – se n'era occupato incidentalmente anche in precedenza[26], stampò a Wien nel 1921 l'opera *Der Judicationsbefehl der römische Prozeße*: il romanista austriaco espresse anzi un'opinione destinata ad avere largo seguito anche nel tempo, ravvisando la principale differenza fra il processo *per legis actiones* e quello *per formulas* nell'oralità del primo rispetto alla redazione di un documento scritto nel secondo.

In realtà, dopo il saggio di Arangio-Ruiz del 1950, dov'era sostenuta la tesi dell'oralità[27], nessuno osò dubitare che si facesse ricorso alla scrittura, ma la discussione rimase sul valore *ad sollemnitatem* aut *ad probationem* del suo uso, ovvero, in altre parole, sul fatto che la scrittura si risolvesse in una mera *testatio*[28] o fosse invece necessaria per la validità della procedura.

---

stantivo *tabulae* alluda non al *iudicium* scritto su di esse, ma agli interi «incarti processuali». Vedi anche A.D. LEEMAN, *Die Konsultierung des* Trebatius*: Statuslehre in Horaz,* Serm*, 2, 1*, in *Festschrift* für *Robert Muth*, Innsbruck 1983, pp. 209-215.

[26] Vedi *supra* nel testo.

[27] La tesi dell'oralità sostenuta dall'Arangio-Ruiz ebbe qualche riflesso a distanza anche nella letteratura scientifica italiana, dove fu seguita da N. BELLOCCI, *I testimoni nella* litis contestatio *formulare*, «Studi Senesi» LXXV (1963), pp. 81 s., che BISCARDI, *Lezioni sul processo* cit. n. 10, p. 447, taccia di essere «pedissequa in ciò».

[28] Tesi che, nonostante qualche riserva, era stata anche di B. KÜBLER, *Rez. S. SCHLOßMANN,* Litis contestatio*: Studien zum römischen Zivilprozeß, Leipzig 1905*, «ZSS» XVI (1895), pp. 179 ss.; e F. TRAMPEDACH, *Die Forme der Litiscontestation in Formularprozess*, «ZSS» XVIII (1897), pp. 114-145 (e in particolare p. 135).

Nel 1953 Giovanni Pugliese trasse una conclusione metodologicamente fondante rispetto ad Autori che – come Vittorio Scialoja, August Immanuel Bekker e Cesare Bertolini[29] – fra la fine del XIX e l'inizio del XX secolo non avevano distinto la *litis contestatio* dal decreto magistratuale concedente la formula.

Fig. 7. V. Arangio-Ruiz

Fig. 8. G. Pugliese.

Egli, invece, fu il primo a sostenere l'importante 'distinguo' che «stabilire che la formula era scritta o viceversa orale non è lo stesso che accertare la natura scritta o orale della *litis contestatio*: e le discussioni che si sono avute a proposito della "scrittura" della formula si rivelano di più modesta portata, in quanto non implicano che lo scritto fosse un atto negoziale e avesse perciò carattere dispositivo»[30].

Tuttavia, subito dopo, egli stesso, come fuorviato da questa premessa, sembra ignorare o volere 'superare' il problema del valore cosiddetto costitutivo / dispositivo o invece probatorio della scrittura della formula, o per meglio dire, non considera se le reciproche obbligazioni di attore e convenuto di stare in giudizio e sottostare alla sentenza nascessero o meno dalla forma scritta.

Difatti, in conseguenza del suo pur acuto asserto metodologico, Pugliese prosegue così dichiarando: «... io non credo che la formula dovesse, in linea di principio, essere scritta; e tuttavia ritengo che la prassi si sia assai presto orientata nel senso della scrittura, poiché questa offriva una più sicura base alla discussione svolgentesi appunto sul tenore della formula e facilitava l'ingegnosa combinazione delle varie clausole, le quali erano tutte legate l'una all'altra da un rigoroso nesso sintattico».

L'Autore, dopo averne dedotto che «dunque, la tesi della 'scrittura' sembra essere l'unica ragionevole riguardo alla formula», asserisce infine di essere propenso a credere che invece la *litis contestatio* «venisse conclusa oralmente» e che «fosse un negozio giuridico non formale».

---

[29] Vedi V. SCIALOJA, *Lezioni di procedura civile romana*, Roma 1894, pp. 239 ss.; E.I. BEKKER, *Über Anfang und Ende des "in iure" – Verfahrens im Römischen Formularprozess:* ius dicere – litem contestari, «ZSS» XXVII (1906), pp. 12 ss. [ma già ID., *Streitfragen aus dem Aktionenprozessrecht*, «ZSS» XXIV (1903), pp. 344-374]; C. BERTOLINI, *Appunti didattici di diritto romano: il processo civile*, I, Torino 1913, pp. 302 ss.

[30] G. PUGLIESE, *La «litis contestatio» nel processo formulare*, in *Scritti giuridici in onore di Antonio Scialoja*, IV, Bologna 1953, pp. 381-383 (= *Scritti giuridici scelti*, I, Napoli 1985, pp. 155-157); le citazioni sono tratte da *Scritti giuridici in onore di Antonio Scialoja* IV p. 382 (= *Scritti giuridici scelti*, I, p. 156).

Fig. 9. Tavola bronzea della Lex de Gallia Cisalpina (sopra) e particolare del § XX (sotto).

Fra i seguaci della tesi di Wlassak della convenzionalità – generalmente intesa – della *litis contestatio*, Pugliese va inoltre ricordato per averla consolidata: egli, infatti, pur contestando la natura specificamente contrattuale della *litis contestatio*, fu il primo, nel 1953, ad apportare la testimonianza della *Lex de Gallia Cisalpina*[31] (datata all'incirca *post* 49 e *ante* 41 a.C.), sul fondamento del § XX 48: ... *nisei* |[48] *iei, quos inter id iudicium accipietur leisue contestabitur* .... Commenta, infatti, Pugliese: «[...] la *lex (Rubria) de Gallia Cisalpina*, la quale, quando si riferisce al '*iudicium dare*' e al '*iudicium iubere*' (XX, 21) oppure alla sorveglianza sulla redazione della formula (XX, 40), menziona il magistrato, pone invece la *litiscontestatio* (XX, 48) in immediato rapporto con le parti, considerandola un atto che avviene tra di esse (*quos inter* [...] *lis contestabitur*)».

Anche se nel 1996 Mario Talamanca[32] ritornò approfonditamente sulla *lex (Rubria) de Gallia Cisalpina*, in sostanza spetta al Pugliese il primato nell'avere dimostrato che in un testo legislativo, databile poco dopo il 49 a.C. – quando Giulio Cesare conferì la cittadinanza ai Galli (comunque *ante* 41 a.C.) – e regolante il processo, è scritto a chiare lettere che la lite viene contestata fra attore e convenuto (*inter quos*), mentre si omette di citare quel magistrato, che invece lo stesso testo epigrafico non manca mai di richiamare laddove debba svolgere funzioni inerenti alla sua giurisdizione.

[31] G. PUGLIESE, *La «litis contestatio»* cit. a n. 30, p. 367 (= p. 141); sulla convenzionalità della *litis contestatio* vedi anche ID., *Il processo civile romano*, I, *Le 'legis actiones'* [*Corso di diritto romano a.a. 1961-62*], Roma 1961, pp. 27 ss.

[32] M. TALAMANCA, *Il riordinamento augusteo del processo privato*, in *Gli ordinamenti giudiziari nella Roma imperiale. Princeps e procedure dalle Leggi Giulie ad Adriano, Atti Copanello 1996*, a cura di F. Milazzo, Napoli 1999, pp. 248 ss.

A parte la ricordata riserva del Costabile circa la modernità concettuale e lessicale sul valore probatorio o sull'efficacia costitutiva della scrittura[33], va detto che la posizione di Pugliese, comunque, elude il problema se i litiganti fossero obbligati sulla base della scrittura della formula processuale.

Sul punto appare, invece, dirimente l'acuta considerazione del Biscardi del 1964, il quale, quando scrive che «si dimentica quasi senza accorgersene, sulla scia della concezione privatistica del processo civile, che la *formula-iudicium* è un atto del magistrato non identificabile con la *litis contestatio*, di cui essa costituisce l'oggetto, e che quindi non ha senso domandarsi se la sua eventuale redazione in iscritto sia fatta *ad probationem* o *ad sollemnitatem*, poiché questa distinzione è applicabile, come tale, soltanto agli atti compiuti dai privati»[34], dà per scontato il presupposto della distinzione fra *litis contestatio* e formula.

Del resto Biscardi, già sul principio degli anni Sessanta del Novecento, aveva avuto modo di formarsi il suo convincimento recensendo criticamente l'apporto che nel 1960 Günther Jahr s'era impegnato a dare alla tesi dell'oralità sostenuta da Arangio-Ruiz[35], alla quale occasionalmente si dichiarò favorevole, negli anni Novanta del Novecento, anche Antonio Guarino, ma senza svolgere alcuna argomentazione dimostrativa[36].

In sostanziale aderenza a Biscardi, ma con maggiore rispondenza alla mentalità giuridica romana e in ispecie alle modalità processuali dell'*agere per formulas*, si colloca altresì la distinzione prospettata nel 1990 da Amelotti tra «scrittura doverosamente posta in essere dal magistrato … e scrittura prudentemente apprestata dalle parti a fini probatori: tra atto di ufficio insomma e documento privato»[37].

Fig. 10. A. Biscardi.
Fig. 11. M. Talamanca.

[33] Anche D. MANTOVANI, *Le formule del processo privato romano*, Padova 1999², p. 18 n. 14, osserva che la discussione sulla prevalenza dell'oralità o della scrittura «non è del tutto bene impostata», pur non approfondendo l'argomento.

[34] BISCARDI, *Contro la oralità* cit. a n. 9, p. 649. ID., *Lezioni sul processo* cit. a n. 10, p. 217 intitola emblematicamente il § 4 «Un'alternativa da respingere: scrittura *ad probationem* o *ad sollemnitatem*?».

[35] G. JAHR, Litis contestatio*, Streitbezeugung und Prozeßbegründung im Legislaktionen und im Formularverfahren*, Köln – Graz 1960, pp. 57 ss. [ma vedi A. BISCARDI, «Iura» XII (1961) p. 412]. La monografia del 1960 fu lo sviluppo della tesi dallo stesso titolo dibattuta a München nel 1959 e della precedente *Die Rechtsnatur der* litis contestatio, dibattuta ad Heidelberg nel 1957. Su Jahr (Saarbrücken 1923 – 2007) cfr. *Festschrift für Günther Jahr zum siebzigsten Geburtstag*, Tübingen 1993 e F. STURM, In memoriam, «ZSS» CXXV (2008) , p. 971.

[36] A. GUARINO, *Diritto privato romano*, Napoli 1992⁹, p. 222 nota 18.1 = edizione 1997¹⁰, p. 230 = 2001¹², pp. 186 ss. Ancora in quest'ultima edizione del suo magistrale manuale il Guarino ritiene (p. 221) che «si procedeva ad una documentazione probatoria scritta (*testatio*) per informare meglio il giudicante circa i termini del *iudicium*».

[37] AMELOTTI, *Genesi del documento* cit. a n. 4, pp. 314 - 315 (= *Scritti giuridici*, a cura di L. Migliardi Zingale, Torino 1996, pp. 167-168).

Nello stesso decennio Dario Mantovani, militando sulla scia di Wlassak fra gli assertori che nell'*agere per formulas* la scrittura sia stata, nella seconda metà del III secolo a.C., un mutamento epocale rispetto all'oralità del *lege agere*, ne contestualizzò per la prima volta l'uso «sullo sfondo di una più vasta trasformazione della società che ne fu la matrice», e che in quel medesimo torno di tempo assistette alla nascita della letteratura latina con la prima rappresentazione scenica di Livio Andronico[38].

Nel 1997 Ernst Metzger, pur non trattando espressamente della redazione scritta della formula, la diede per presupposta nel tracciare il suo nuovo profilo del processo civile romano[39], segno dell'ormai pacifico accoglimento della tesi.

3. *Vecchie e nuove prove documentali sul valore dispositivo della scrittura nella confezione della 'formula iudicium'.*

Tornando ora alla formula di Mucio Scevola, dalla quale sono partita, va preliminarmente ricordato che di 'formula' si parla sia nel significato della previsione nell'Editto di una fattispecie generale ed astratta, sia nel senso dell'applicazione della formula edittale astratta allo specifico caso concreto, la cosiddetta *formula-iudicium*[40], con cui il pretore *iudicium dabat* nominando un *iudex priuatus*, cui conferiva, con delega del suo *imperium*[41], la facoltà di condannare o assolvere (*si paret ... condemnato / si non paret absoluito*).

La *Formula Muccī Scaeu*<o>*lae* non è ovviamente da rapportare a un caso concreto, ma alla previsione edittale, e per di più non a una determinata fattispecie, per quanto astratta, dell'Editto, bensì ad una 'tipologia' generale, che il Costabile chiama 'archetipo', comprendente diverse possibili azioni, accomunate tutte dalla determinatezza della pretesa attorea, il *certum*, qualcosa di precisamente individuato o quantificato, e che perciò sono dette caratterizzate da *intentio certa*.

---

38 Mantovani, *Le formule del processo* cit. a n. 33, pp. 19-21 (da cui la citazione): la prima edizione era apparsa nel 1992. Attribuisce a Cicerone l'iniziativa della redazione scritta delle orazioni M.L. Biccari, *Dalla pretesa giudiziale alla* narratio *retorica (e viceversa): spunti di riflessione sulla formazione dell'avvocato romano e la sua azione*, Torino, p. 77.

39 E. Metzger, *A New Outline of the Roman Civil Trial*, Oxford 1997, *passim* e pp. 67-75 e p. 72 in particolare. Per altra bibliografia più 'incidentale' cfr. M. Kaser – K. Hackl, *Das römische Zivilprozeßrecht*, München 1996[2], p. 76 n. 40; S. Sciortino, Res acta *e potere magistratuale di interrompere una* legis actio *irregolare*, «AUPA» LVII (2014), p. 224 n. 37.

40 L'antitesi fra lo schema edittale astratto e la formula del caso concreto (*iudicium* o anche *formula-iudicium*) risale a M. Wlassak, *Römische prozeßgesetze* cit. a n. 22 pp. 16 ss. e ha avuto grande fortuna fino a oggi. Sul punto fra i tanti cfr C.A. Cannata, in *NNDI* VII, Torino 1961, s.v. *Formula*, pp. 584 s.; A. Biscardi, *Lezioni sul processo* cit. a n. 10, p. 449; D. Conso, *Formula dans le cadre de la procédure formulaire*, in E. Hermon (cur.), *Pouvoir et «imperium» (IIIe av. J.-C. – Ier ap. J.-C.)*, Napoli 1996, pp. 47-63; C.A. Cannata, *Profilo istituzionale del processo privato romano*, II. *Il processo formulare*, Torino 1982, pp. 69-72; Costabile, *L'archetipo* cit. a n. 1, pp. 89 ss. e da ultimo R. Santoro, *Per la storia dell'*obligatio, I, Palermo 2020, pp. 405 ss.

41 Basti il rinvio al solo Biscardi, *Lezioni sul processo* cit. a n. 10, p. 142, con riferimento alla *coercitio*.

L'asserzione di Biscardi che «nel processo formulare ... l'*actio* s'identifica con la *litis contestatio*, presupponendo sempre una *datio iudicii*, che è concessione discrezionale del mezzo di tutela invocato»[42] è ora in ogni elemento confermata *per tabulas* dal dittico affrescato di Mucio Scevola, nel senso che abbiamo ora la rappresentazione dello specifico *instrumentum scriptorium*, sul quale il magistrato indicava la formula prescelta e dava al giudice il *iussus iudicandi*.

Essa inoltre riceve, sempre *per tabulas*, anche un'altra conferma da una vera e propria *formula-iudicium*, che leggiamo compiutamente, di cui Biscardi conosceva, come accennato, solo la c.d. *praescriptio* '*ea res agatur de sponsione*'[43]. Si tratta di un documento complesso che riproduce «due programmi di giudizio di *condictio certae pecuniae*»[44], il cui attore-creditore era il ben noto 'banchiere' puteolano *C*(*aius*) *Sulpicius Cinnamus* e il convenuto-debitore un certo *C*(*aius*) *Marcius Saturninus*; il testo presenta altresì la nomina del giudice *C*(*aius*) *Blossius Celadus* cui è rivolto, da parte di *A*(*ulus*) *Cossinius Priscus*, duoviro di Pozzuoli del 52 d.C., un unico *iussus iudicandi*.

TPSulp. 31 (= TP 34 = TPN 29).

Tab. I p. 2 (*graphio, scriptura interior*).

Ea res agetur de sponsione.
C(aius) Blossius Celadus Iudex esto:
si parret C(aium) Marcium Satur[ninum]
500+100 mila C(aio) Sulpicio Cinnamo HS IƆ c m(illia) d[are]
oportere, q(ua) d(e) r(e) agitur,
C(aius) Blossius Celadus Iudex C(aium)
Marcium Saturninum HS IƆ c m(illia)
C(aio) Sulpicio Cinnamo cond[em]nato,
si non parret, apsoluito.
C(aius) Blossius Celadus Iudex essto:

Fig. 12. TPSulp. 31, Tab. I p. 2.

[42] A. Biscardi, *Formula e processo: valutazione di una tesi*, «Rivista Italiana per le Scienze Giuridiche» III (1949) 1-4, p. 460.

[43] Biscardi, *Contro la oralità* cit. a n. 9, p. 666 n. 32: «Non è escluso che un decisivo contributo a questo fine possa offrircelo una di quelle tavolette puteolane, poco tempo fa rinvenute a Pompei ...: una di esse conterrebbe appunto il vero e proprio testo di una formula dell'*actio certae creditae pecuniae* con *praescriptio 'ea res agatur de sponsione'*. Ma è peraltro intuitivo che a nessuno sarà possibile pronunciarsi in merito, se prima la gelosia professionale di certi archeologi ... non avrà ceduto dinanzi all'interesse generale di vedere al più presto pubblicate le tavolette di cui trattasi». Vedi inoltre V. Piano Mortari, *Assemblea della Società Italiana di Storia del Diritto*, «Iura» XIII (1962), p. 221, sull'intervento in merito di V. Arangio-Ruiz.

[44] M. Varvaro, *Condictio e causa actionis*, «AUPA» LVII (2014), p. 267.

Tab. II p. 3 [si pa]rret C(aium) Marcium [Sat]urninum
[C(aio)] Sulpicio Cinnam[o] HS [Є]|Э |Э c m(illia) c m(illia) c m(illia)
[nummum] dare oportere, q(ua) d(e) [r(e) ag]itur,
C(aius) Blossius Celadus Iude[x] C(aium)
Marcium Saturninum HS Є|Э c m(illia) c m(illia) Є|Э
[C(aio)] Sulpicio Cinnam[o] c[o]ndemnato;
si non parret apsoluito.
Judicare iussit A(ulus) Cossinius Priscus IIuir.
[Actu]m Puteol[i]s
(***uacat: dies et mensis desiderantur!***)
[F]austo Cornelio Sulla [Fel]ice
co(n)s(ulibus).
Q(uinto) Marcio Barea Sorano

Tab. III p. 5 (*graphio, scriptura exterior*)

S[aturninum C(aio) Sulpicio Cinnamo]
H[S |Э c m(illia) dare oportere q(ua) d(e) r(e) a(gitur) C(aius)]
[Blossius Celadus Iudex C(aium) Marcium]
[Saturninum HS |Э c m(illia) C(aio) Sulpicio Cinnamo]
[condemnato, si non parret apsoluito. C(aius)]
[Blossius Celadu]s Iud[ex es]to: si parret
C(aium) [Marcium Saturninum C(aio) Sulpicio Cinnamo]

Fig. 13. TPSulp. 31, Tab. II p. 3. Foto e apografo (rielaborato), da G. Camodeca.

L'argomento principe del Wlassak, che non disponeva dei nostri documenti della prassi processuale, si fondava su:

> D. 15.1.3.11 (Ulp. l. 29 *ad Ed.*): *Idem scribit iudicati quoque patrem de peculio actione teneri, quod et Marcellus putat, etiam eius actionis nomine, ex qua non potuit pater de peculio actionem pati: nam* ***sicut stipulatione contrahitur*** *cum filio,* ***ita iudicio contrahi****; proinde non originem iudicii spectandam, sed ipsam iudicati uelut obligationem, quare et si quasi defensor condemnatus sit, idem putat.*

Tuttavia, la posizione dottrinale dello Studioso si trova spesso rappresentata in un modo drastico che non gli appartiene, essendo invece in realtà molto più articolata e 'sfumata' nel tempo fra il 1888 e il 1924: infatti, si trascura di solito che comunque Wlassak, pur avendo affermato la convenzionalità della *litis contestatio* formulare,

---

istituzionale cit. a n. 40, pp. 165 ss.; M. TALAMANCA, in *Enciclopedia del diritto*, XXXVI, Milano 1987, , s.v. *Processo civile (dir. rom.)*, pp. 4 ss.; L. D'AMATI, *Sulla cooperazione del convenuto nel processo formulare*, in *'Actio in rem' e 'actio in personam'*, I, a cura di L. Garofalo, Padova 2011, pp. 853-914 (pp. 853-857 in particolare); da ultimo E. DI BERNARDO, *La natura contrattuale della l*itis contestatio *classica e la teoria del contratto giudiziario. Gli albori della concezione pubblicistica del processo e della funzione sociale della giustizia*, «Vergentis. Revista de Investigación de la Cátedra Internacional Conjunta Inocencio III» VII (2018) 2, pp. 155-157 in particolare.

[53] F. TRAMPEDACH, *Die Forme der Litiscontestation in Formularprocess*, «ZSS» XVIII (1897), pp. 114-145, pur ammettendo che nella *formula iudicium* vi fosse il concorso di *actor* e *reus* con il magistrato, non riconobbe l'esistenza di un *synallagma* fra le parti nella *litis contestatio*; E. HÖLDER, *Die Litiskontestation des Formularprocesses*, «ZSS» XXIV (1903), pp. 197-237, rispetto all'accordo fra i litiganti, accentuò il valore 'ablativo' e 'assorbente' del *decretum*, con cui il pretore rimetteva la formula al *iudex*; infine, E. BETTI, *Diritto romano* cit. a n. prc., pp. 258 s., 450 ss., e ID., *Falsa impostazione della questione storica, dipendente da erronea diagnosi giuridica*, in *Studi in onore di V. Arangio Ruiz*, IV, Napoli 1952, pp. 80 ss. [= *Diritto, metodo, ermeneutica*, Milano 1991, pp. 432 ss.], non vedeva alcuna forma di accordo contrattuale o pattizio nella *litis contestatio*, nella quale a suo avviso i litiganti non assumevano alcun impegno, mentre sarebbe il *iudicium* l'atto cui sia l'*actor* che il *reus* aderirebbero. Merita essere segnalata, infine, per la sua peculiarità e l'originalità delle conclusioni, la recentissima esegesi di C. PELLOSO, *Il concetto di 'actio' alla luce della concezione primitiva del vincolo obbligatorio*, in *'Actio in rem'* ... cit. a n. prec., pp. 331 ss. in part.: «... le espressioni dei giuristi repubblicani sono integralmente compatibili con la tesi dell'*obligatio* come pura esposizione all'*actio* (*qui actione teneri iudicati* o *ex causa iudicati teneri*); e mi pare corretto inferire circa il pensiero dei *veteres* (interessati a individuare l'*oportere* del debitore, prima e dopo la *l.c.*, nonché dopo la sentenza, ma non anche dopo i giorni *iusti*), enucleabile da Gai 3.180, quanto segue: 1) prima della *l.c.*, *oportet* che il debitore 'dia' al suo creditore in forza di una fonte (contrattuale o delittuale) e, sempre prima della *l.c.* il primo è astretto al secondo da un vincolo obbligatorio (*actione teneri*) estinguibile in processo *lite contestata*; 2) dopo la *l.c.* il *dare oportere* ... non si estingue, ma rimane estraneo al processo come '*natura debere*' (D. 12.6.60 pr.), mentre si crea 'endoprocessualmente' un nuovo *oportere*, non ancora supportato da *actio* sicché *post litem contestatam* non nasce alcuna vera *obligatio*, ossia l'*oportere* – peculiarissimo, in quanto, all'evidenza, 'a-comportamentale' – di essere oggetto di *condemnatio*; 3) *post iudicatum* l'*oportere condemnari* diviene l'*oportere* di *iudicatum facere*, il quale ultimo, non essendo esperibile ancora l'*actio iudicati,* non è affatto una *obligatio*. Detto questo, credo emerga facilmente come l'*obligatio iudicati* (ossia il *iudicati actione teneri* a tutela dell'*oportere iudicatum facere*) sia configurabile come una '*obligatio*' tanto *sub condicione* quanto *ex die*, in quanto come causa 'immediata' ha il giudicato stesso, ma come causa remota la stessa *litis contestatio*: l'*obligatio*, in altre parole viene in esistenza, solo allorché, una volta verificatasi la condizione sospensiva *ex lege* (sentenza di condanna), il termine iniziale di 'almeno' (giusta D. 42.1.4.5) *XXX dies* sia decorso integralmente. Donde, a mio credere, le imprecisioni del lessico gaiano: il giurista, infatti, parla impropriamente di '*teneri ex causa iudicati* ' per spiegare l'*oportere* (che invece di *teneri ex causa iudicati* e solo il corollario), ma ancora più impropriamente discorre di '*lite contestatione teneri* ', atteso che 'immediatamente' la *l.c.* non è fonte di nessuna *obligatio*».

Fig. 19. O. Carrelli.

non per questo arrivò a negare il valore decretale del *iudicare iubere* impartito dal magistrato al giudice privato scelto dalle parti[54].

5. *Dalla convenzionalità della* litis contestatio *al valore decretale della* formula-iudicium.

Dopo Wlassak, già nel 1942 il valore di *decretum* della *formula-iudicium* era stato argomentato, con logica stringente fondata sulle fonti, da Odoardo Carrelli nell'opera su *La genesi del procedimento formulare*, apparsa postuma nel 1946 a cura dell'Arangio-Ruiz, e la dimostrazione (pur fra riserve non lesinate su altri punti) fu poi convincentemente difesa contro alcune autorevoli critiche in una recensione del Biscardi[55].

Ora, anche la sopra trascritta *conuentio de iudice addicendo* del 35 d.C. (TPSulp. 22 = TP 58 = TPN 28) concorre con la *Lex Irnitana* e con un frammento ulpianeo *ad Edictum* nel dimostrare come fossero l'attore e il convenuto a concordare fra loro la scelta del giudice, che tuttavia diveniva efficace solo quando, mediante l'*addictio iudicis*, il magistrato l'avesse ratificata *in iure*, assumendo nel suo *decretum* la volontà negoziale delle parti.

> *Lex Irnitana* Cap. LXXXVII linee 43-52: ... *aut, si de aliquo municipe, qui proposi|tus non sit neque IIuir aut aedilis aut quaestor sit, inter eos* |[45] *conueniet, ut eum iudicem arbitrumue habeant, nisi si ei de quo conueniet morbus causae erit quo minus rebus iudican|dis operam dare possit aut is annorum LXV maiorue erit et eam rem iudicare nol{I}et, eum inter eos in eamque rem iudi|cem arbitrumue dato addic<i>to iudicare iubeto. Qui ita datus* |[50] *addictus iudicareue iussus erit, is iudica[t]o litem aestuma|to. Quodque {i}is hac lege iudicauerit litem aestumauerit,* |[XA] *it [iustum ra]tumque esto.*

[54] M. WLASSAK, *Edikt und Klageform*, Jena 1882; l'Autore dedicò una monografia all'«ordine di giudicare» nel processo romano: *Der Judikationsbefehl der römischen Prozeße: mit Beiträgen zur Scheidung*, Wien 1921; ID., *Römische Prozessgesetze*, I, Leipzig 1888; II ivi 1891; ID., *Die klassische Prozeßformel* cit. a n. 22. Una 'esasperazione' del ruolo del magistrato, riconosciuto con equilibrio dal Wlassak, si ebbe l'anno dopo da parte di L. GOLDSCHMIDT, *Der Prozess als Rechtslage*, Berlin 1925, pp. 83 ss., che giunse a riconoscere un ruolo attivo della *ciuitas* nella *defensio* del convenuto, incorrendo nelle fondate obiezioni del recensore L. WENGER, «ZSS» XLVI (1926), pp. 450 ss. L'anno dopo S. RICCOBONO, *Die Vererblichkeit der Strafklagen und die Fiktion der Litiskontestation nach klassischem und justinianischem Rechte*, «ZSS» XLVII (1927), pp. 92 ss., asserendo la petizione di principio della continuità del diritto giustinianeo da quello classico, arrivò a immaginare che il magistrato potesse perfino fingere, ove lo ritenesse necessario, che la *litis contestatio* fosse stata convenuta fra le parti; *contra* L. WENGER, *Istituzioni di procedura civile romana*, traduz. ital., Milano 1938, pp. 101 n. 23 e 288 n. 11, obiettò giustamente l'appartenenza di tale *fictio*, contraria alla natura contrattuale dell'istituto classico, al solo diritto giustinianeo. Sulla posizione 'continuistica' del Riccobono rinvio a *L'eredità di Salvatore Riccobono. Atti dell'incontro internazionale di studi (Palermo, 29-30 marzo 2019)*, a cura di M. Varvaro, Palermo 2020, *passim*.

[55] A. BISCARDI, *Valutazione di una tesi*, «Rivista Italiana Scienze Giuridiche» III (1949) 1-4, pp. 445-3794

Non mi dilungherò oltre nell'analisi della letteratura scientifica, poiché il suo limitato obiettivo è quello di costatare come in realtà gli sforzi della dottrina non siano finora approdati a una spiegazione sicura e condivisa dell'anomala '*praescriptio*' della formula processuale puteolana: nonostante l'acutezza della proposta del Santoro, mi sembra pertanto che vi sia spazio quantomeno per ipotizzare che le tabelle siano prive della data perché mai trasmesse al giudice dal e per iniziativa del duoviro, che avrebbe rilevato l'incongruità della *praescriptio* in un'*actio certae creditae pecuniae*, incongruità sfuggita alle approssimative conoscenze pratiche dell'*actor*, ma eccepita dal magistrato giusdicente, il quale potrebbe avere disposto che la formula fosse confezionata *ex novo*.

Per questo il documento rigettato sarebbe rimasto nell'archivio dell'*actor*, dal quale era stato prodotto, mentre un altro, possiamo sempre ipotizzare, fu probabilmente correttamente riscritto sul momento *in iure* di fronte allo stesso duoviro, completato con la data, e quindi inviato *apud iudicem*.

Del resto, casi di errori o di confusioni nel processo da parte perfino di avvocati di grido nella confezione della formula presentata al pretore sono testimoniati da Cicerone nel *De oratore*, e in particolare uno (*De or.* I 37, 168)[67], cui egli stesso assistette nel partecipare a una seduta del tribunale del pretore urbano.

6. *Celebrazione dell'*instrumentum scriptorium *e 'propaganda' della 'invenzione' del processo formulare negli affreschi della Villa di Quinto Mucio Scevola.*

Riassumendo, mi sembra che la TPSulp. 31 = TP 34= TPN 29 dimostri, proprio per la data incompleta e per l'asserita incongruità o errore della c.d. *praescriptio*, che la formula processuale doveva essere scritta, che era approntata dall'attore con il consenso del convenuto, incluso il nome del giudice prescelto, e che così confezionata era prodotta in tribunale per la ratifica del magistrato, ratifica che non era un atto dovuto, ma era condizionata al controllo della sua correttezza *de iure*. Anche la scelta del giudice privato acquistava efficacia solo con l'*addictio iudicis* pronunciata dal magistrato con proprio *decretum*, che di norma recepiva la scelta delle parti.

---

[67] Cic., *De orat.* I. 37,168: *Quid? In his paucis diebus nonne nobis in tribunali Q. Pompei praetoris urbani familiaris nostri sedentibus, homo ex numero disertorum postulabat, ut illi, unde peteretur, uetus atque usitata exceptio daretur CVIVS PECVNIAE DIES FVISSET? Quod petitoris causa comparatum esse non intellegebat, ut, si ille infitiator probasset iudici ante petitam esse pecuniam, quam esset coepta deberi, petitor rursus cum peteret, ne exceptione excluderetur, QVOD EA RES IN IVDICIVM ANTE VENISSET.* Pochi giorni fa, mentre partecipavo alla seduta nel Tribunale di Quinto Pompeo, pretore urbano, mio amico, non capitò che un uomo, annoverato tra quanti sono stimati i più abili nel dibattimento, chiedesse che al suo assistito fosse concessa l'antica e frequente eccezione "che si dovesse (pagare solo la rata di) denaro il cui termine era scaduto"? Ciò è avvenuto perché non aveva capito che l'eccezione è stata approntata a favore dell'attore-creditore, in modo che se il debitore convenuto in giudizio avesse dimostrato di fronte al giudice che il pagamento del danaro da lui ricevuto era richiesto prima della scadenza, il creditore non fosse escluso dal suo diritto dall'eccezione "che quella cosa era già passata in giudicato". Vedi BISCARDI, *Lezioni sul processo* cit. a n. 10, pp. 144-145; L. PELLECCHI, *La 'praescriptio'. Processo, diritto sostanziale, modelli espositivi*, Padova 2003, pp. 278-294; B. ALBANESE, *La* vetus atque usitata exceptio *di* Cic., De orat. *1,37,168*, «AUPA» XLIX (2004), pp. 29-39 (= *Scritti giuridici*, IV, Torino, 2006, pp. 1093-1103); G. FALCONE, *La 'vera philosophia' dei 'sacerdotes iuris'. Sulla raffigurazione ulpianea dei giuristi (D.1.1.1.1)*, *ibidem*, p. 104 n. 137.

Concorre con le prove sopra addotte ‘contro l’oralità della formula’, anche l’iscrizione sulla rappresentazione pittorica di un dittico di una tipologia generale – o ‘archetipo’ che dir si voglia – di formule edittali, quelle con c.d. *intentio certa*, compendiate nella denominazione di *Formula Muccī Scaeu*<o>*lae*, il che stava a indicare che la *formula-iudicium* dovesse essere scritta su tabelle cerate. Il messaggio ‘veicolato’ dall’affresco appare perciò celebrativo non soltanto della ‘genialità’ dell’invenzione muciana della tipologia di formule con *intentio certa*, ma anche probabilmente del nuovo valore che la scrittura, esaltata dal contesto dell’*instrumentum scriptorium* dipinto sulla stessa parete o comunque nello stesso ambiente, acquistava nel processo formulare rispetto all’oralità delle arcaiche *legis actiones*. E qui vorrei proporre un’ipotesi ardita, ma coerente con l’immediatezza della percezione e con l’intuibilità proprie della ‘propaganda’ romana affidata alle arti figurative. Sul fatto che la tipologia generale della Formula Muciana sia quella dell’*intentio certa* non possono esservi dubbi, ma si tratterebbe in tal caso di un messaggio molto ‘specialistico’, tanto che il Costabile ha ricordato la frequentazione delle ville dei giuristi attestata dalle fonti letterarie e i dotti conversari che vi si svolgevano[68].

Tuttavia un messaggio sulla ‘creazione’ del processo formulare come tale, anziché su una tipologia specifica di formule, da parte di un Mucio Scevola, illustre antenato del committente degli affreschi, sarebbe certo più generale e più percepibile non soltanto dai *iurisprudentes*; un siffatto contenuto sarebbe rivolto a un pubblico vastissimo di frequentatori della villa e di *clientes*, e sarebbe certamente più congruo con il linguaggio, l’espressione e le modalità di comunicazione tipiche della ‘propaganda’ nobiliare[69].

Rossella Laurendi

Ordinaria di Diritto Romano nell’Università di Genova

rossella.laurendi@giuri.unige.it

ORCID 0000-0002-1061-0537

ABSTRACT

The paper examines the *vexata quaestio* of writing of processual formula in relation to the *Formula Muccī Scaeu*<o>*lae* and the *Tabulae Pompeianae Sulpiciorum*.

KEYWORDS

Formula Mucci Scaeuolae, Tabulae Pompeianae Sulpiciorum, processual formula, writing in the trial, propagand

---

[68] COSTABILE, *L’archetipo* cit. a n. 1, pp. 92 s.

[69] Sulla c.d. ‘propaganda’, le sue modalità di trasmissione del messaggio e il suo linguaggio figurativo e letterario nel mondo romano fra repubblica e principato cfr. M. SORDI, *Storiografia e propaganda*, Milano 1975; EAD. (a cura di), *I canali della propaganda nel mondo antico*, Milano 1976; A. COPPOLA, *Archaiologhía e propaganda: i Greci, Roma e l’Italia*, Roma 1995; F. MARCO SIMÓN – F. PINA POLO, *Religión y propaganda política en el mundo romano*, Barcelona 2002; G. WEBER – M. ZIMMERMANN, *Propaganda, Selbstdarstellung, Repräsentation im römischen Kaiserreich des 1. Jhs. n. Ch.*, Stuttgart 2003; K.A.E. ENENKEL – I.L. PFEIJFFER, *The manipulative mode: political propaganda in antiquity*, Leiden –Boston 2005; P. ZANKER, *Augusto e il potere delle immagini*, trad. it., Torino 2006; P. VEYNE, *L’impero greco-romano. Le radici del mondo globale*, trad. it., Milano 2007, pp. 328-353; CH. KUHN (hg.), *Politische Kommunikation und öffentliche Meinung in der antiken Welt*, Stuttgart 2012; F. RUSSO, *Diplomazia e propaganda a Roma ai tempi delle guerre d’oltremare*, Milano 2018.

Fra queste, il documento più stupefacente reca scritti su un dittico cerato un gentilizio e un *cognomen*, Mucio Scevola – portati da almeno cinque giuristi fra il 225 e l'82 a.C. – che così denominano l'*auctor* dell'archetipo comune a tutte le formule processuali con *intentio certa*[6]. Il *nomen Muccius* e il *cognomen Scaeu‹o›la*, però, da soli non consentirebbero di accertare l'identità né dell'autore di quella che 'si autodefinisce' *formula* (in realtà un archetipo tipologico delle *formulae* con *intentio certa*), né del costruttore della villa.

Basti pensare che in un frammento di affresco si legge su una grande tavola cerata il nome di *P*(*ublius*) *Rut*[*ilius Rufus*], altro grande giurista, contemporaneo di Publio e Quinto *Mucii Scaeuolae* Pontefici Massimi, la *gens* del quale aveva però una villa suburbana altrove, fuori porta Appia, oggi S. Sebastiano, sulla via Ardeatina[7].

L'onomastica è tuttavia un indizio oltremodo significativo, per non dire decisivo, se collegata ad altre fonti. Invero Columella (*De agr.* I 4.6) e Plinio (*Naturalis Historia* XVIII 7.32.) additano la villa costruita da un giurista Quinto Mucio Scevola, da me identificato con il Pontefice Massimo (140-†82 a.C.)[8], per la sua unicità nella ridottissima estensione in rapporto alla quantità della produzione agricola da immagazzinarvi, contrapponendola all'altro *unicum* della contemporanea, confinante e antitetica villa di Lucio Licinio Lucullo, che si estendeva quasi sull'intera tenuta: due eccessi – l'uno di austerità 'catoniana', l'altro di megalomane lussuria principesca – da evitare per chi volesse con equilibrio condurre un'azienda agricola e fruire degli *otia* della campagna suburbana.

Ebbene, la villa sull'Aniene aveva una dimensione straordinariamente ridotta rispetto allo standard delle ville dell'epoca: si estendeva, infatti, con strutture di terrazzamento e afferenza dell'acqua per circa 2500 mq esplorati in un rettangolo di circa 110×30 m, ma anche se ci spingessimo a credere che raggiungesse perfino 3.500 mq, di questi solo 800 mq – comunque non oltre un migliaio in un rettangolo di 26×30 m circa o poco più – rimanevano coperti e destinati alla *pars rustica* e alla *pars urbana*, in quanto la superstite porzione delle *fauces* immettenti all'*atrium* fa capire che la superfice distrutta doveva essere molto ridotta. E ad ogni modo la villa non poteva estendersi oltre l'Aniene, distante all'incirca un centinaio di metri e il cui corso coincide con l'antico, come testimoniano i resti di un porticciolo fluviale[9], adibito proprio al trasporto a Roma dei prodotti delle cave di tufo sfruttate dai proprietari della zona. Gli ampliamenti successivi alla morte del parsimonioso costruttore, finora datati attorno al 60-40 a.C., accrebbero la superfice di appena 220 mq circa (fig. 2), contro uno standard delle ville romane dell'epoca che va da 3.000 / 4.000 mq coperti, fino a 1 ettaro e talvolta anche più[10].

---

[6] F. COSTABILE, *La scoperta* cit. a n. 2, pp. 77-100.

[7] L. CHIOFFI, *I patrimoni dei senatori nel suburbio di Roma: criteri di ricerca pigrafica, primi risultati e nuove acquisizioni*, «Cahiers du Centre G. Glotz» XVI (2005), pp. 107-110 (a p. 110 n. 37 epitaffi tardorepubblicani su via Ardeatina, con il ricorrere del *praenomen Publius*).

[8] F. COSTABILE, *La scoperta* cit. a n. 2, pp. 48-58; vedi l'alternativa con l'omonimo *Augur* proposta in questo volume da M. MAYER I OLIVÉ, *Los* Scaevolae *de Cicerón y las pinturas de la denominada 'Villa del Giurista'*, e la mia trattazione qui al § 3.

[9] C. CALCI – Z. MARI, *Via Tiburtina*, in *Suburbium. Dalla crisi del sistema delle ville a Gregorio Magno*, a cura di A. Pergola – R. Santangeli Valenzani – R. Volpe [CÉFR 311], Roma 2003, p. 184; MUSCO – ANGELELLI – CARCIERI – ALBERINI, *Ville* cit. a n. 1, p. 141; COSTABILE, *La scoperta* cit. a n. 2), p. 48.

[10] COSTABILE, *La scoperta* cit. a n. 2, pp. 50-51 e nn. 76-78.

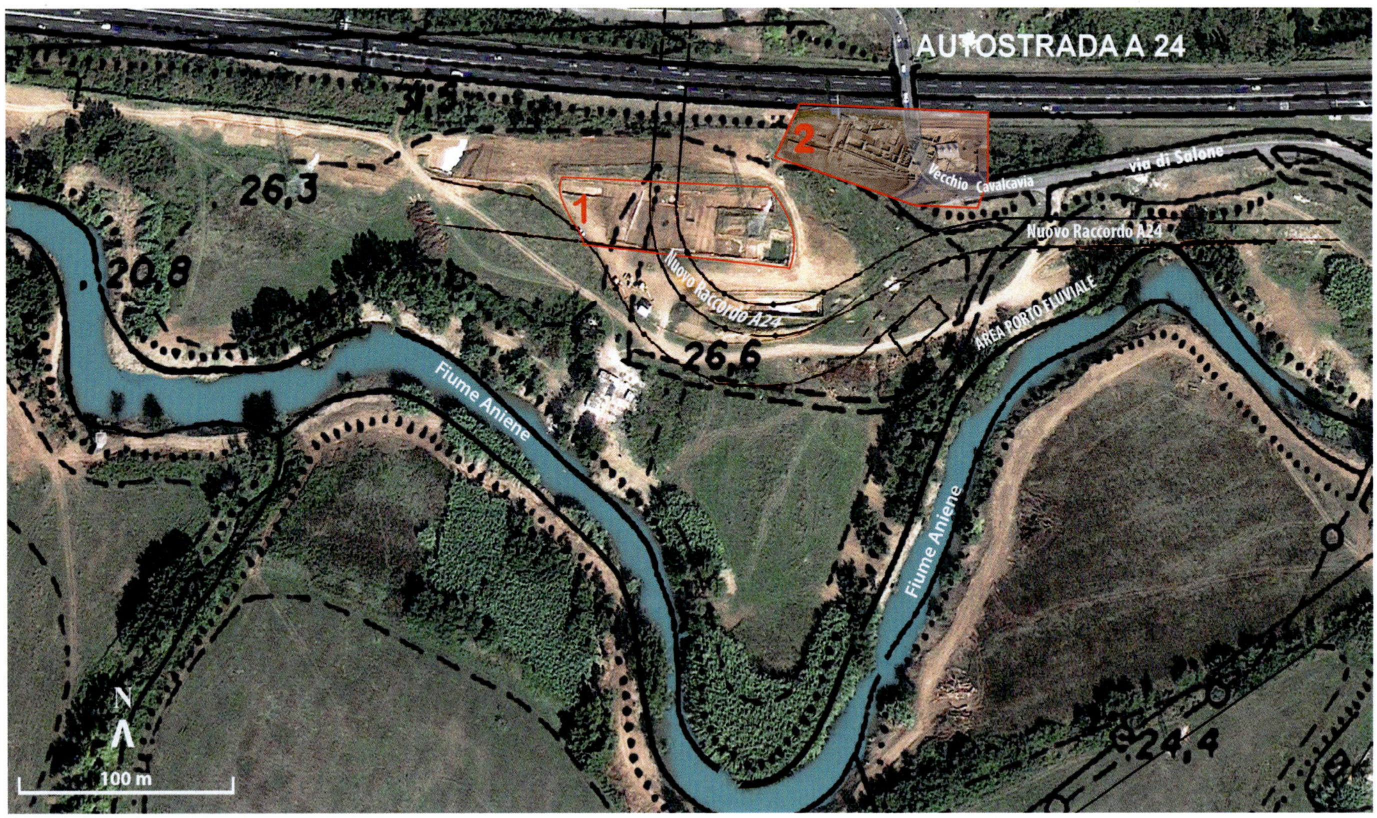

Fig. 1. Foto satellitare del 2009 con sovrapposizione della base cartografica CTR Lazio 1:10000 (1990), sez. 374080 e accentuazione cromatica del corso fluviale dell'Aniene. Al nr. 1 rosso l'area archeologica esplorata nel 2003-2004, e al nr. 2 rosso sovrapposizione della foto aerea dello scavo del 2013 della Villa del Giurista. Il vecchio Cavalcavia di Salone è sovrapposto fotograficamente in trasparenza allo scavo della Villa del Giurista (in base ad ortofotografia del 2011), a un centinatio di m dall'attuale Nuovo Raccordo dell'A 24 (indicato da legenda). È segnalata come «Area porto fluviale» quella dove furono trovate strutture in *opus quadratum*, ancora inedite ma riferite a un alaggio o porticciolo ad un centinaio di metri dal sito della Villa del Giurista.

La dimora, pur dotata di *atrium* tetrastilo con *impluuium*, anziché del più modesto atrio tuscanico non colonnato, era però arcaicamente priva di peristilio: la parte dominica si sviluppava pertanto solo attorno all'atrio, un po' rialzato rispetto alla quota stradale delle *fauces* e al quale queste davano accesso tramite tre gradini: gli altri ambienti di rappresentanza erano invece, per il dislivello esistente, realizzati al primo piano sopra la *basis uillae*, seminterrata e integralmente adibita a magazzini e servizi.

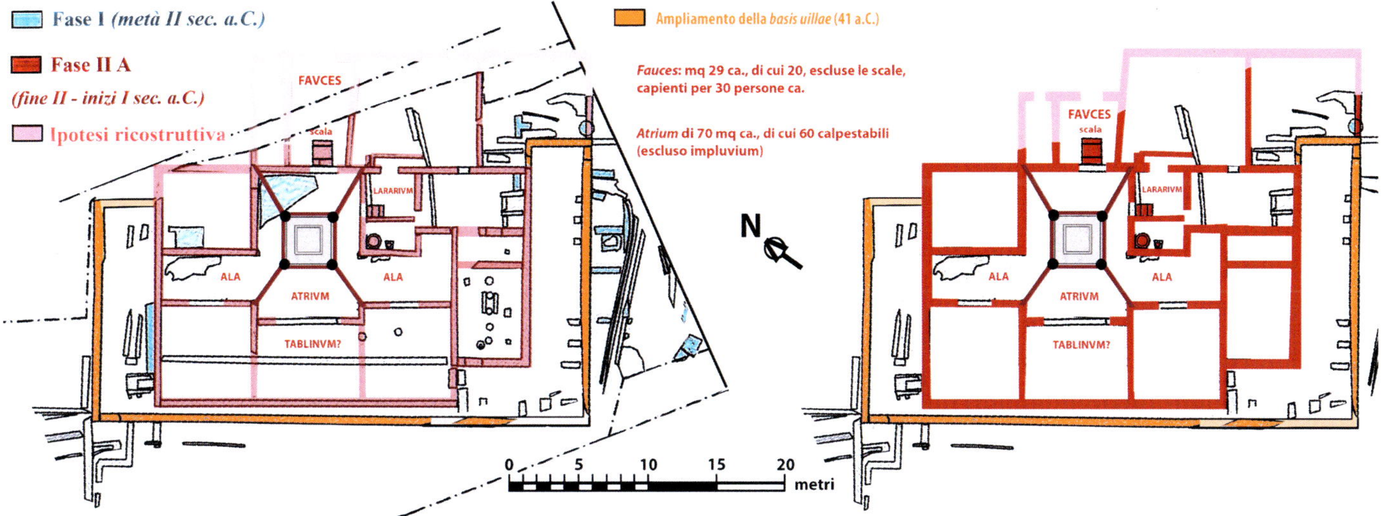

Fig. 2a. Ricostruzione planimetrica della *pars urbana* della Villa del Giurista. ***A sinistra.*** Ipotesi con soluzione più ampia per le *fauces* e sostruzioni visibili 'in trasparenza' sotto i muri in rosa della *pars urbana* di Fase IIA (120/110-80 a.C.: Q. Mucio Scevola Pontefice Massimo). Muri in rosa ricostruiti in base alle sostruzioni esistenti, in rosa chiaro ipotizzati a completamento delle strutture superstiti. ***A destra.*** Ipotesi delle *fauces* più ridotta con muri degli ambienti della *pars urbana* - Fase IIA in rosso senza indicazione delle sostruzioni. Gli ambienti della *pars urbana* al primo piano fuori terra sono stati ricostruiti, in conseguenza delle deduzioni di C. Angelelli e S. Falzone, in base ai muri perimetrali delle sostruzioni atte a reggerli, che perimetravano ambienti di servizio seminterrati. Pur mancando rilievo altimetrico e sezioni, è certo che l'*atrium* fosse un po' sopraelevato, giaccché vi si accedeva dalle *fauces* tramite tre gradini, mentre gli altri ambienti della *pars urbana* dovevano trovarsi a quota ancor superiore. Al centro dell'*atrium* tetrastilo è in parte superstite l'*impluuium*. In arancione il muro perimetrale dell'ampliamento della *basis uillae* ora databile al 41 a.C., che accrebbe di circa 200 mq la superficie destinata ai magazzini, inadeguata alla conservazione dei prodotti agricoli, come Columella e Plinio il Vecchio ricordano: probabilmente il piano superiore fu destinato a balconata panoramica 'a ferro di cavallo' lungo tutti gli ambienti della soprastante *pars urbana*, che si trovarono ad affacciarvisi.

Se le attestazioni di Columella e di Plinio sull'austerità della villa di un Q. Mucio Scevola sono la chiave di volta per riconoscerla nella villa di Salone, ad esse si aggiunge in sintonia quanto su uno stoico dello stesso nome scrive Ateneo nei *Δειπνοσοφισταί* VI [108] 264 c-e. Riprovando pranzi pantagruelici e stravaganti prelibatezze, egli loda infatti l'insolita sobrietà della mensa del grande giurista Q. Mucio Scevola, del suo amico Publio Rutilio Rufo, anche lui *iurisprudens* e ricordato su un'altra tavoletta dipinta nella villa, e di Elio Tuberone. Erano questi i soli tre romani, «fra decine di migliaia di persone» – annota Ateneo – rispettosi della *lex Fannia sumptuaria*, invano promulgata nel 161 a.C., per iniziativa del tribuno della plebe *Fannius*, contro il lusso nei banchetti.

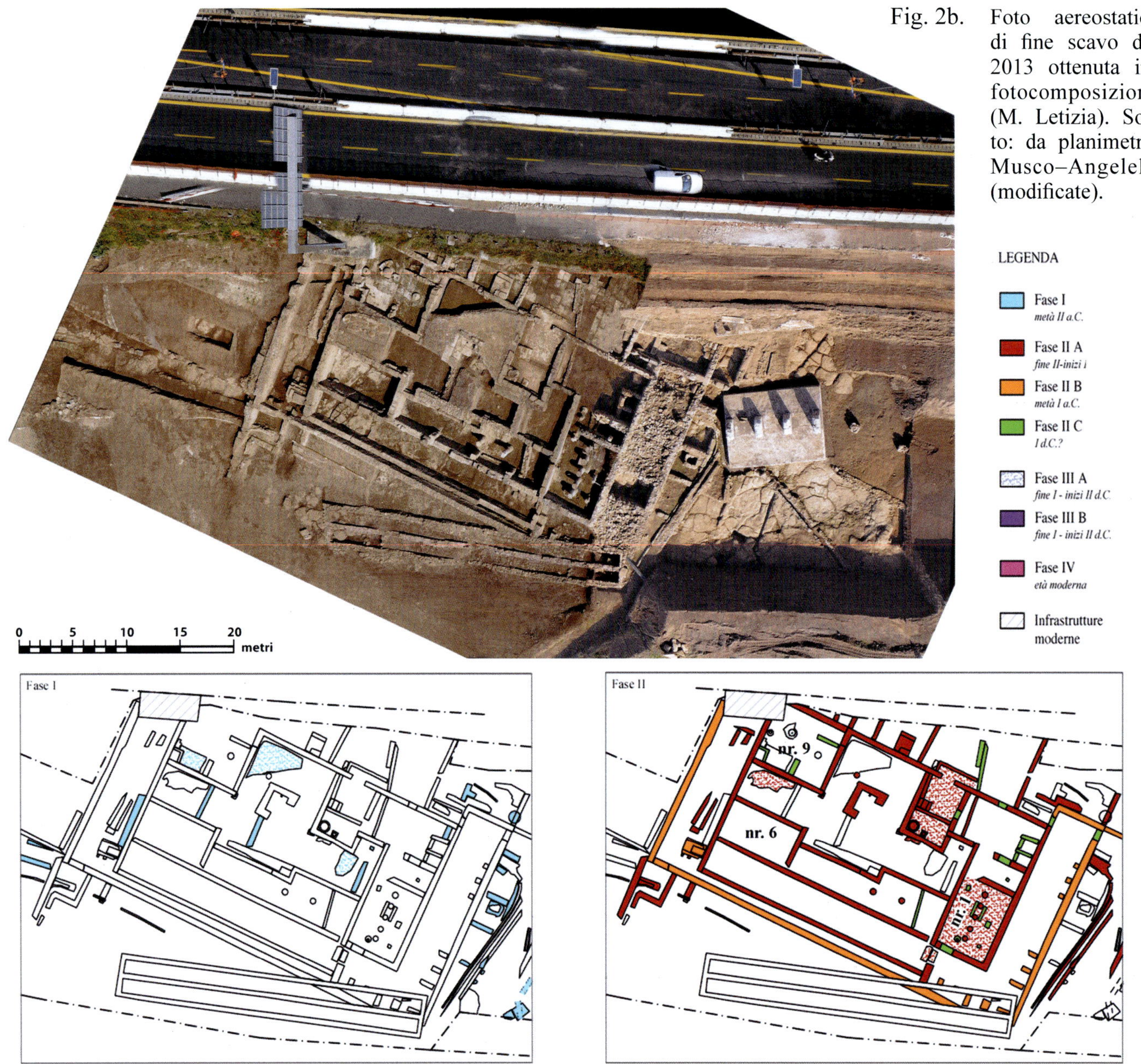

Fig. 2b. Foto aereostatica di fine scavo del 2013 ottenuta in fotocomposizione (M. Letizia). Sotto: da planimetrie Musco–Angelelli (modificate).

Fig. 3. Frammenti dipinti dopo il restauro. *A sin.* Mensola sul cui piano poggiano un calamaio e un calamo inclinato a 45% e più sopra papiro arrotolato con legenda DATO[---].VILIO; a margine di frattura sinistro lacerti della cornice di grande *tabula* (v. saggio Pappalardo). Sotto la mensola *cista* per papiri con *operculum* e anse, targhetta a *hedera*, chiodi e serratura in bronzo. *A destra in alto.* Sul ripiano: cassetta lignea da cui fuoriesce una striscia di pergamena scritta *atramento* con *memorandum sumptuarium*, accanto due *offulae* con marmellata rossa (v. fig. 4 in basso a destra) e sul bordo dittico cerato aperto con pag. 2 sul ripiano e pag, 3 pendente: «*Iudex essto. Sei parret*» *e / formula Mucci Scaeulae. A destra in basso (da sin.).* Angolo superiore di grande *tabula* con bordo dorato: *P*(*ublius*) *Rut*[*ilius*]; dittico cerato aperto con legenda *uino Falerno*; papiro arrotolato con legenda *M*(*arco*) *Mario*.

Con tale testimonianza di Ateneo coincide significativamente quella di uno degli affreschi, riproducente un *memorandum sumptuarium* (un 'promemoria della spesa'), che ostenta intenzionalmente la straordinaria frugalità dei pasti serviti nell'edificio suburbano, facendone oggetto di celebrazione in un programma pittorico. Gli affreschi erano stati datati su base stilistica con un'escursione cronologica al 60-40 a.C. circa, ma ora sono riuscito a stabilire un anno preciso su base calendariale, che costituirà un caposaldo sia per l'esegesi giuridica dei documenti rappresentati, sia per la storia del II stile della pittura romana[11].

2. *Il* memorandum sumptuarium *e la datazione al 40 a.C. degli affreschi con la formula di Mucio Scevola.*

2.1. *Il* memorandum sumptuarium *e la* lex Fannia sumptuaria *del 161 a.C.*

Il più consistente frammento pittorico ritrae una stretta e lunga striscia di pergamena che, fuoriuscendo da un contenitore di legno, si svolge su di un ripiano, scritta con un *memorandum sumptuarium* di alcuni generi alimentari o pietanze (figg. 3-5). Nelle foto dell'affresco antecedenti al restauro il colore della striscia pergamenacea è bianco con lettere nere (fig. 5): solo nella parte finale, che poggia arrotolata sul piano della mensola, il colore bianco vira decisamente al giallino. Il bianco originario del fondo si è invece iscurito dopo il restauro su una tonalità giallo ocra per tutta la lunghezza della fettuccia: io l'avevo creduta un papiro stretto e lungo, ma nel Convegno del 2019 Guglielmo Cavallo vi ha riconosciuto una striscia di pergamena. Si tratta d'una cosiddetta *membranula*, preferita per maneggevolezza nella redazione di indici di catalogo delle biblioteche o in progetti architettonici di parti di edifici[12]. Anche la cassetta da cui la striscia di pergamena erompe è un tipico contenitore di fettucce e nastri d'uso pratico[13], cui non si riservavano le più nobili *capsae*, destinate a custodire libri scritti su rotoli papiracei.

---

[11] Una prima notizia in F. COSTABILE, *Il* memorandum sumptuarium *della Villa del Giurista sull'Aniene e la datazione degli affreschi con la formula processuale di Mucio Scevola*, «Teoria e Storia del Diritto Privato» XIV (2021), pp. 1-20.

[12] AE. FORCELLINI, *Lexicon totius Latinitatis*, III, Patavii 1864, p. 213, s.v. *Membrana V (pergamenus)* e *Membranula II*; CH.T. LEWIS – CH. SHORT, *A Latin Dictionary*, Oxford 1879, s.v. *membranula*; CH.T. LEWIS, *An Elementary Latin Dictionary*, New York 1891; F. GAFFIOT, *Dictionnaire Illustré Latin-Français*, Paris 1934. Scevola D. 32.102 pr. dà conto della confezione d'un legato testamentario autografo, scritto su foglietti di pergamena: *His uerbis legauit: "uxori meae lateralia mea uiatoria ... quae membranulis mea manu scriptis continebuntur nec ea sint exacta cum moriar" ...* Cic., *Att.* IV 4.b scrive ad Attico perché dica ai copisti di manoscritti di prendere una *membranula*, cioè una piccola pergamena, per compilare gl'indici: *Librariolisque imperes, ut sumant membranulam, ex qua indices fiant* [per Forcellini, *pergamenam in qua librorum tituli inscribantur et exterius pittacii modo affigantur*; Forcellini pensa cioè ai titoli dei libri apposti all'esterno su targhette di cuoio, ma io credo che invece Cicerone consigli di redigere su una striscia di pergamena gl'indici sistematici per autore, con l'indicazione della scaffalatura, dei rotoli di papiro della biblioteca privata]. Nessuno cita Gellio *Noct. Att.* XIX 10.2; a casa di Cornelio Frontone malato a letto e circondato da molte persone famose per cultura, nascita e ricchezza, erano presenti molti costruttori incaricati di edificare i nuovi bagni della sua casa e gliene mostravano vari tipi disegnati su piccole pergamene: *adsistebant fabri aedium complures balneis nouis moliendis adhibiti ostendebantque depictas in membranulis uarias species balnearum.*

[13] Vedi i saggi di BARATTA e COSTABILE, citt. a n. 2, pp. 33-34, 74.

1	*Cuṭị*	Per la scorza
2	*a*(*s*) *s*(*emis*);	mezzo asse;
3	*offul*(*is*)	per le focaccette
4	*a*(*sses*) *VI*	sei assi
5	*CIXX*;	(per) 119 (pezzi);
6	‹*h*›*oler*(*ibus*)	per le verdure
7	*a*(*s*) *I*;	1 asse;
8	*cicer*(*i*) aut *ciceri*	per i ceci
9	*a*(*s*) *I*;	1 asse;
10	*sollas*	sfoglie
11	*supa*	prendi(ne)
12	*a*(*ssibus*) *XL*	per 40 assi
13	*s*(*ingulas*) *a*(*ssibus*) *X s*(*extario*)	ciascuna a 10 assi al sestario [*54 grammi*]
14	*a*(*nte*) *d*(*iem*) *XVII K*(*alendas*)	il giorno 17° prima delle Kalende
15	*Febru*(*arias*)	di febbraio (*= 16 gennaio*)
16	*Gentio*	da Genzio
17	‹*h*›*oll*‹*i*›*tori*	l'ortolano.
18	*Tritic*(*i*)	Di grano (prendine)
19	*m*(*odios*) *IV*;	4 moggi, [*circa 26 Kg*];
20	*uini a*(*mphoram*)	di vino un'anfora [*48 sestari = circa 26 litri*]
21	*s*(*ingulam*) *a*(*ssibus*) *VII s*(*extario*)	singola a 7 assi al sestario [*54 centilitri circa*].

Il *memorandum sumptuarium* elenca sette generi alimentari: tre – *cutis* (scorza), (*h*)*olera* (verdure), e *cicer* (ceci) – certamente allo stato naturale o quasi (la buccia o scorza potrebbe essere essiccata); due pietanze cucinate o comunque preparate per la cottura, le *offulae* (focaccette) e le *sollae* (sfoglie o sfogliate), con l'indicazione delle quantità e del prezzo, da acquistare il 16 gennaio dall'ortolano Genzio[14]; ***dopo*** il nome del quale seguono 4 moggi (circa 26 Kg) di grano senza indicazione di prezzo e infine un'anfora di vino col prezzo al sestario (circa 54 cl).

[14] *Gentio* può intendersi come dativo d'agente, che «si trova usato anche con alcuni participi perfetti passivi (spesso con valore aggettivale)» [A. TRAINA – T. BERTOTTI, *Sintassi normativa della Lingua Latina*, Bologna, 1985, p. 106 e n. 2], sottintendendo *emptus / empta* o *captatus / captata* o piuttosto un gerundivo *emendus / emenda*, oppure – con il verbo *supo* espressamente usato all'imperativo a linea 11 – *supandus – supanda*; valida comunque, benché meno probabile, l'alternativa di un ablativo assoluto, da sciogliere dunque *Gentio* | (*h*)*oll*(*i*)*tor*(*e*), nel senso 'essendo Gentio l'ortolano'.

CIL IV *THERMAE MARITIMAE SEV SVBVRBANAE*

10674–10683 Cella a Maiuri I p. 153 sq. "*stanza a destra*" designata, supra formae Maiuri I p. 150 fig. 114 cellam *e*, i. e. in thermas introeuntibus ad d. sita, in pariete interiore occidentali, i. e. in dissaepti fronte, in tectorio albo

10674 Ad sin. fenestellae in spatio lato m. 0,3, alto m. 0,12.

Haec imago est apographi non charta perlucida exarati, sed descripti et in ipso describendo minuti

Della Corte p. 306 n. 827 et tab. V. Vidi.

"Nuc(es) biber(ia?) XIIII / singa II / panem III / orrellas III XII / thymalia. IIII VIII"; *LI* autem separatim a ceteris numeris esse legendum putat Della Corte.

1 *Biber(ia)* poculenta interpretatur dubius Della Corte; compleverim potius *biber(es)* eadem significatione, cf. *Thes. l. L.* II col. 1954 v. 64. 2 *Singa* axungiam interpretatur Della Corte, *axingiam* vel *axyngiam* habes *Thes. l. L.* II col. 1642 v. 24 sq. 4 *Orrellas* offellas interpretatur Della Corte, i. e. parvas offas. 5 *Thymalia* tomacula interpretatur Della Corte. Numeros singulos Della Corte opinatur indicare, quot assibus res steterint, binos autem indicare quantitatem et pretium, numerum vero *LI* indicare pretium solvendum pro his rebus aliisque fortasse ministeriis.

Fig. 4. *A sin.* disegno di un'*offula*, entro cui è scritto un *memorandum sumptuarium* che la menziona (Pompei *CIL* IV 16674). *Al centro* offelle dolci emiliane. *A destra offulae* raffigurate sulla mensola (v. fig. 3): in verde verdura, in giallo farina, in rosso marmellata.

Si tratta in tutti i casi di alimenti molto popolari e di basso costo, ben diversi dagli esotici e dispendiosi piatti d'importazione ancor oggi detti 'luculliani'. Le *offulae* erano focaccette, probabilmente raffigurate nello stesso affresco accanto alla striscia di pergamena sulla mensola (figg. 3-4), che potevano farsi sia con carne che con verdure o farina, la cui morfologia e il cui nome sono sopravvissuti nelle 'offelle' ancor oggi prodotte nell'Italia centrosettentrionale: esse venivano offerte come 'apertivo' – mi sia consentito il termine – agli ospiti[15].

Sulle *offulae* tornerò in seguito per l'importanza che il loro uso riveste; ora basti dire che la loro forma ci è nota dal graffito *CIL* IV 10674 dalle Terme Suburbane di Pompei, dove un *memorandum sumptuarium* che le menziona (nella dizione probabilmente dialettale *orrellae* da cui appunto l'italiano 'offelle') è scritto proprio all'interno dell'*offula* o *orrella* rappresentata, confermando che l'aspetto, se non la composizione, delle offelle emiliane e romagnole è ancora sostanzialmente la stessa.

La lista, come si è visto, specifica perfino giorno e luogo degli acquisti e i due soli generi, grano e vino, che seguono l'indicazione del nome di Genzio e del suo mestiere di ortolano, sembrano per ciò stesso non doversi acquistare nel suo negozio di verdure: anzi, il grano è privo di prezzo perché evidentemente non doveva esser comprato ma soltanto prelevato dagli *horrea* della villa e macinato per farne pane o altre pietanze farinacee, mentre del vino è indicato il prezzo al sestario per una sola anfora, la cui capacità, variabile in rapporto alla grandezza, si aggirava in media attorno ai 26 litri e che doveva evidentemente acquistarsi da un rivenditore diverso dal ricordato ‹h›oll‹i›tor *Gentius*, il che non stupisce, poiché ancor oggi il vino non è di norma venduto dai verdumai.

[15] Per le *offulae* COSTABILE, FERRARA citt. a n. 2, pp. 66-68; *Vocabolario Treccani online*, s.vv. *òffa*, *offèlla* e *fétta*; M. MORETTI, *Romanzi della mia terra*, Milano 1961, p. 92; G. BURZACCHINI, *Quattro componimenti macaronici del Muratori*, «Muratoriana» III (2013) [Centro Studi Muratoriani, Modena], p. 20 verso 29; sotto l'aspetto culinario: F. FERRARI – D. PELI – M. MANTOVANI, *Biscotti. Guida pratica*, Modena 2015, p. 109.

Fig. 5. *Memorandum sumptuarium ante* restauro. *In alto.* Lettera A di lin. 14: macrofotografia stato attuale con sovrapposizione del tratto orizzontale nr. 6, aggiunto come correzione in un secondo momento per coprire l'originale tratto obliquo nr. 5; apografo dei 5 tratti che compongono la prima redazione della lettera; restituzione informatica con eliminazione del tratto orizzontale aggiunto nr. 6 (si vede così la prima stesura pittorica della lettera con tratto obliquo); numerazione dei 5 tratti della prima stesura pittorica; sovrapposizione del tratto orizzontale nr. 6 e cancellazione del tratto obliquo. Con tale correzione grafica il pittore ha omologato la A arcaica con barra obliqua, simile anche se non uguale alla A della Formula di Mucio Scevola, alle altre A a sbarra orizzontale del *memorandum*.

Fig. 6. Fammento pittorico di fig. 5 dopo restauro e incollaggio su supporto. Si notino in basso le monetine sul ripiano in ombra della mensola, la cui rappresentazione è tipica delle 'nature morte'. La connessione fra i due frammenti della cassetta, dalla quale si srotola il papiro fuoriuscito, è dimostrata dall'arriccio, perfettamente combaciante, sottostante alla perduta superfice dell'affresco.

Fig. 7. Insegna di bottega di un'ortolana da Ostia (v. n. 17), con merin esposizione. Museo Ostiense.

Che l'abbreviazione VINI·A | S·A·VIIS vada sciolta al singolare *uini a*(*mphoram*) | *s*(*ingulam*) *a*(*ssibus*) (*septem*) *s*(*extario*), anziché al plurale – come avevo creduto nel 2018, *uini a*(*mphoras*) | *s*(*ingulas*) *a*(*ssibus*) (*septem*) *s*(*extario*) – è dimostrato dal fatto che nel primo caso il prezzo, per una sola anfora, restava, se non esattemente determinato almeno circoscritto in rapporto alla poco variabile capacità di una singola anfora, mentre nel secondo caso sarebbe stata data ai servi incaricati degli acquisti una discrezionalità nel numero di anfore da comprare in contrasto con la precisione delle altre disposizioni impartite dal *dominus*. Il vino Falerno, menzionato nel dittico di fig. 3 (in basso a destra al centro) in un frammento decontestualizzato di affresco, costava nel I sec. d.C. 4 assi al sestario, contro 1 asse del vino più scadente, ma era ammesso dalla *lex Fannia*, che vietava i vini 'esteri': qui lo troviamo a 7 assi per l'alta qualità, segno che non si mirava al risparmio, ma al rispetto della legge contro il lusso[16]. Inoltre, che grano e vino – se vi fosse bisogno di prova – non fossero da acquistare da Genzio, ché come ortolano non commerciava tali generi alimentari, è comparativamente dimostrato anche dal fatto che essi mancano nell'unica insegna marmorea, da Ostia, di II-III sec., d'una bottega di verdumaio, che ce ne faccia conoscere i prodotti[17]. Vi è rappresenta un'ortolana, probabilmente un'ambulante col banco a cavalletto e scaffali smontabili (fig. 7), che esibisce in bella mostra prodotti tipici: due fasci di aglio a sinistra, l'uno sullo scaffale e l'altro sul tavolo, dove pure sono poggiate verdure non facilmente identificabili, salvo due cetrioli ricurvi e un grande cavolo o cavolfiore e – sullo scaffale a destra – un fascio forse di porri o cipollotti.

[16] *CIL* IV 1679 *Add.* col. 3.10 (Pompei) = *CLE* 931 (e *CIL* IV 8561) *assibus* (*singulis*) *hic bibitur*: S. Mrozek, *Prix et rémunération dans l'Occident romain*, Gdańsk 1975, pp. 15 ss.; *CIL* IX 2689, taberna di Ercolano, dove leggesi il prezzo in assi secondo qualità, con immagine di una brocca sopra ogni scritta: *AD CVCVMAS | A. IIIIS | IIIS | IIIIS | IIS*. *CIL* IX 2689 = *ILS* 7478. E. Terenziani, *«L. Calidi Erotice, titulo manebis in aevum». Storia incompiuta di una discussa epigrafe isernina [CIL IX, 2689]*, «Ager Veleias» III (2008) 9, p. 7: «Si tenga presente che il vino correntemente offerto nelle taverne era spesso adulterato o alterato, non un prodotto di alta qualità». Mayer, *Los* Scaevolae cit. a n. 8 § 5 nn. 45-46. I 26 kg. di grano e i 26 l. di vino sono le uniche quantità e gli unici generi rapportabili al *penus* ipotizzato in questo volume da M. Felici, *Una definizione memorabile dietro l'elenco di vettovaglie della villa dei* Mucii Scaevolae*?*, trattandosi per il resto di quantità e alimenti di pronto consumo.

[17] R. Calza – M. Floriani Squarciapino, *Museo ostiense*, Roma 1962, p. 21 nr. 12; N. Kampen, *Image and Status: Roman Working Women in Ostia*, Berlin 1981, pp. 59-64, 139 Nr. 4, Taff. 40-41; G. Zimmer, *Römische Berufsdarstellungen*, Berlin 1982, pp. 222-223 Nr. 182; J.-P. Descœudres (ed.), *Ostia port et porte de la Rome antique*, Genève 2001, pp. 416, cat. VIII.12; C. Holleran, *Shopping in Ancient Rome: The Retail Trade in the Late Republic and Prinicipate*, Oxford 2012, p. 206 fig. 5.3; C. Parisi Presicce – O. Rossini (cur.), *Nutrire l'impero. Storie di alimentazione da Roma e Pompei*, Roma 2015, p. 211, cat. R62; J. Schoevaert, *Les boutiques d'Ostie. L'économie urbaine au quotidien, Ier s. av.J.-C. - Ve s. ap.J.-C.*, Rome 2018, p. 396 nr. 5; M. Harlow – R. Laurence, *Shops and Shopping in Ancient Ostia*, in A. Karivieri (ed.), *Life and Death in a Multicultural Harbour City: Ostia Antica from the Republic through Late Antiquity*, Roma 2020, pp. 290 ss.; R. Berg, *Relief depicting a greengrocer*, *ibid.*, p. 497.

Fig. 8. Rilievo funerario di *T. Paconius Caledus* da Porta Capena, con i prodotti della sua campagna *In alto*: *a destra* trasporto di un cesto di cipolle; *al centro* arnie; *a destra* ortaggi a bulbo. Entro losanghe, ai lati del rilievo, i ritratti di profilo di Paconio e di sua moglie, la liberta Ottavia Salvia (40-30 a.C. circa). Roma, Musei Vaticani.

Le verdure dell'ortolana di Ostia sono dello stesso genere di quelle raffigurate nel rilievo funerario dell'apicoltore *T. Paconius Caledus* da Porta Capena a Roma[18], che condivide cronologia (attorno al 40-30 a.C.) e area geografica dei nostri affreschi: tre servi, sotto la sorveglianza del padrone con la destra alzata a indice teso e un dittico nella sinistra, raccolgono, oltre due arnie di vimini (*arundines*)[19] raffigurate frontalmente a terra in primo piano (fig. 8), verdure varie a bulbo e non, mentre a sinistra un servitore trasporta un grande cesto di cipolle appoggiandosi a un bastone. Un'ape svolazzante e un cagnolino a terra completano il quadro agreste, che possiamo considerare tipico. Gli ortaggi rappresentati in questi bassorilievi possono essere genericamente ricompresi fra gli *holera* del *memorandum*, ma la deduzione più interessante, che si trae dal fatto che fossero acquistati presso il verdumaio, è che non erano evidentemente coltivati nei campi del *dominus*. Possiamo perciò presumere che la tenuta agricola fosse destinata in gran parte a monocoltura del solo prodotto indicato senza prezzo, il grano, escludendo un vigneto, perchè nel *memorandum sumptuarium* il vino va comprato – anche se non dall'ortolano Genzio, col che concorda

[18] W. AMELUNG, *Die Sculpturen des Vaticanischen Museums*, II, Berlin 1908, pp. 703-704 Kat. 435 b; G. DALTROP, *Die stadtrömischen männlichen Privatbildnisse trajanischer und hadrianischer Zeit*, Münster 1958, p. 97 n. 12 g; W. HELBIG, *Führer durch die öffentlichen Sammlungen klassischer Altertümer in Rom. Die päpstlichen Sammlungen im Vatikan und Lateran*, I⁴, Tübingen 1963, Nr. Kat. 210; H. SICHTERMANN, *Erws Glukupikros*, «RM» LXXVI (1969), p. 301, Taf. 96.1; H.R. GOETTE, *Studien zu römischen Togadarstellungen*, [Beiträge zur Erschließung hellenistischer und kaiserzeitlicher Skulptur und Architektur 10], Mainz 1990, p. 111 Kat. Ab 110; G. SPINOLA, *Il Museo Pio Clementino*, II, Città del Vaticano 1999, pp. 163-164 nr. 33; G. ZIMMER, *Römische Berufsdarstellungen*, Berlin 1982, pp. 70-71; A. GRÜNER, in H. KLINKOTT – S. KUBISCH – R. MÜLLER-WOLLERMANN (hrg.), *Geschenke und Steuern, Zölle und Tribute, Culture and history of the ancient Near East*, XXIX, Leiden – Boston 2007, pp. 465-469, Taf. XVIIIb; *CIL* VI 23687: *T(itus) Paconius T(iti) f(ilius) Col(lina) Caledus / Octauia A(uli) l(iberta) Saluia.*

[19] M. DE VOS RAAIJMAKERS, in M. DE VOS RAAIJMAKERS – B. MAURINA (cur.), Rus Africum IV. *La fattoria Bizantina di Aïn Wassel,* Africa Proconsularis *(Alto Tell, Tunisia). Lo scavo stratigrafico e i materiali*, Oxford 2019, pp. 50-51 identifica correttamente le due arnie dai tipici margini sfrangiati, di un tipo ancora in uso in Tunisia, mentre prima tale raffigurazione era stata fraintesa vedendovi due grossi cestini rotondi visti di fronte e pieni di ortaggi non riconoscibili (così AMELUNG, cit. a n. prec., seguito dagli altri).

la legenda *uino Falerno*, riconosciuta dal Mayer nella tabella cerata del ricordato frammento pittorico, sia pure decontestualizzato, di tabella cerata di fig. 3: il vino di produzione italica non incorreva nei rigori della *lex Fannia*, che si ritiene limitasse l'acquisto di vini provinciali, di maggior pregio e costo[20].

L'unico prodotto della lista senza prezzo resta il grano da macinare (*triticum*), e dunque bisogna credere che non bisognasse comprarlo ma prelevarlo dagli *horrea*, dove lo si conservava dopo il raccolto di luglio dell'anno precedente a quel 16 gennaio indicato per l'acquisto di verdure e pietanze presso l'ortolano Genzio: nella villa, infatti, non mancava almeno un locale seminterrato destinato alla molitura (Angelelli, fig. 6 nr. 1), mentre l'altro, scavato al piano terra (Angelelli, fig. 6 nr. 9) accanto all'*atrium*, è probabilmente dovuto a un cambio di destinazione dopo la defunzionalizzazione della *pars urbana* nel II sec. d.C.

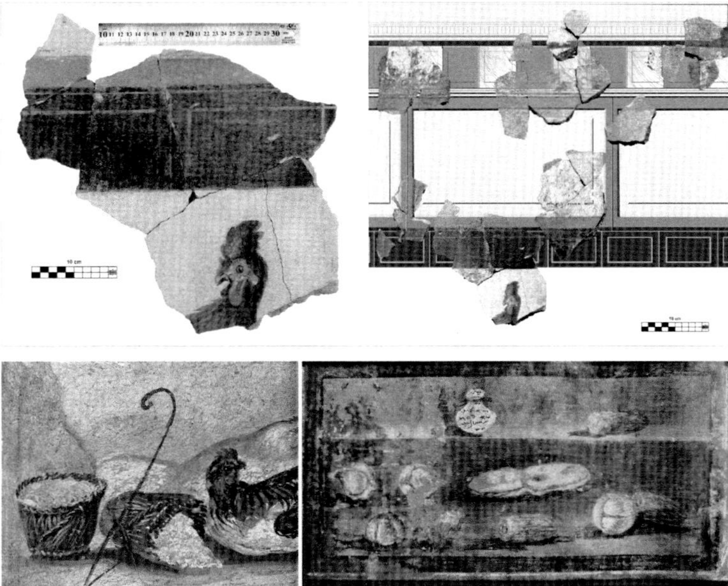

Figg. 9-11. *Sopra*. Villa del Giurista: fr. con testa di gallo e ricostruzione della parete (da S. Falzone). *Sotto*. Pompei: c.d. nature morte dai *praedia* di Giulia Felice con pollame, ricotte, ortaggi, pane e sacchetto di denaro. Museo Archeologico Nazionale di Napoli, inv. 864.

Alla coltura del grano si sarà aggiunto un frutteto, un pollaio e un pascolo per ruminanti, proprio perché non se ne dispone l'acquisto nel *memorandum*: difatti non v'è ricordata la frutta, abitualmente rappresentata in affreschi di nature morte, né carne che accompagnasse il banchetto, pur ammessa dalle leggi limitative del lusso; è probabile che questi generi direttamente disponibili nella tenuta fossero raffigurati in affreschi perduti, come per un gallo di cui si salva la testa crestata (fig. 9).

[20] Sulla *lex Fannia* G. ROTONDI, *Leges publicae Populi Romani*, Hildesheim 1966, pp. 287-288, da aggiornare con G. CLEMENTE, *Le leggi sul lusso e la società romana tra III e II secolo a.C.*, in A. GIARDINA – A. SCHIAVONE, (cur.), *Società romana e produzione schiavistica*, III. *Modelli etici, diritto e trasformazioni sociali*, Bari 1981, pp. 3-14 e in part. pp. 2-3, 6-8, 11, 110,303 n. 14; P. GROS, *Architecture et société à Rome et en Italie centro- méridionale aux deux derniers siècles de la République*, Bruxelles 1978, pp. 81-85; ID., *Architettura e società nell'Italia romana*, Roma 1987², pp. 155-163; F. STOK, *Catone e la* lex Fannia, «Maia» XXXVII (1985), pp. 240-243; F. COARELLI, *La casa dell'aristocrazia romana secondo Vitruvio*, in *Munus non ingratum (Symposium on Vitruvius' De Architectura, Leiden 1987)*, Leiden 1989, p. 178-187 = ID., Revixit ars. *Arte e ideologia a Roma. Dai modelli ellenistici alla tradizione repubblicana*, Roma 1996, pp. 344-359; Per l'esecrazione delle ville lussuose Varr., *Res rust.* 2 *praef.* 1; J. KER, Nundinae*: the culture of the Roman week*, «Poenix» LXIV (2010) 1-2, pp. 361-385; MAYER cit. a n. 8, n. 46.

L'animale è di solito rappresentato vivo, le zampe legate o meno, in contesti di preparazione culinaria, insieme a uova e ad altri volatili vivi o morti e pronti per essere spennati (fig. 10). Anche se la parete su cui era dipinto il gallo non era la stessa sulla quale era affrescata la Formula di Mucio Scevola, è molto probabile il riferimento del pollo ad un contesto alimentare.

Inoltre la presenza, assieme alle pietanze, anche di monete, sparse come quelle rappresentate sulla mensola del *memorandum sumptuarium*, o in sacchetti iscritti con le somme contenute, non è priva di riscontri, se pensiamo *exempli causa* all'affresco dai *praedia* di Giulia Felice a Pompei, dove un sacchetto colmo di denari e sesterzi, indicati ad inchiostro nero sulla tela bianca, poggia su una delle mensole con pane e companatico, frutta e ortaggi (fig. 11): penso perciò che il denaro accanto al nostro *memorandum* alluda alla *datio pecuniae* agli incaricati della spesa da parte del *dominus*.

Di *memoranda sumptuaria* ne conosciamo altri nelle città romane, graffiti o dipinti sui muri di *thermopolia*, di *cauponae* e *hospitia* e dei *deuersoria*, con la stessa funzione pratica, ed effimera per la sua quotidianità, delle nostre liste della spesa o dei nostri menu (vedi i più noti a fig. 12): in qualche caso (*CIL* IV 8566 = *EDR* 1127828 = *TM* nr. 258635: fig. 12) è anche sicura l'indicazione di date e sono scritti i nomi del servo o dei servi incaricati delle compere e del loro padrone[21]. Una volta la lista si trova graffita sul muro addirittura all'interno di una delle *offulae*, della quale è tracciato il contorno (fig. 4), menzionate nello stesso *memorandum sumptuarium* che vi è iscritto dentro. Ma in tutti i graffiti o scritti a carboncino o a inchiostro su pareti finora noti si tratta sempre di *memoranda sumptuaria* a scopo pratico, destinati cioè a ricordare la spesa da fare o a segnalare agli avventori i generi e le consumazioni offerte dall'esercizio commerciale e i loro prezzi.

Nell'affresco della Villa del Giurista, invece, un elenco apparentemente banale per la spesa di un giorno a prima vista qualsiasi assurge alla massima ostentazione in un ciclo pittorico di alta qualità formale, che trasmette un messaggio destinato a durare virtualmente nel tempo, e che restò esposto forse due secoli prima di essere staccato e scaricato in uno scantinato della villa stessa (ambiente nr. 6). Il motivo non poteva che essere la celebrazione della proverbiale frugalità di Quinto Mucio, cardine del *mos maiorum* e dell'ideologia di eguaglianza oligarchica dell'*ordo senatorius* contro le tendenze ellenistiche di personalità emergenti, capaci di formarsi clientele politiche attraverso la *luxuria*[22], un'austerità di vita di stile catoniano lodata da Cicerone a 12 anni dalla morte del Pontefice Massimo[23], ma tale da essere tramandata a secoli di distanza da Columella, Plino il Vecchio e Ateneo di Naucrati. Attraverso il simbolismo di rappresentazioni usuali, ma con l'aggiunta di iscrizioni 'parlanti' del tutto uniche, il committente ha caratterizzato individualmente il messaggio, che desiderava veicolare ai frequentatori della villa.

---

[21] Vedi COSTABILE, cit. a n. 2, pp. 71-73, con bibliografia.

[22] Vedi COSTABILE, cit. a n. 2, pp. 73-77, con fonti e bibliografia; H. SOLIN, *Zu pompejanischen Wandinschriften*, in *Studia epigraphica in memoriam Géza Alföldy*, Bonn 2013, pp. 339-341 (= *AE* 2013, 00263).

[23] Cic., *In Verrem* II 4.133 (70 a.C.). Cfr. K. TUORI, *The Myth of* Quintus Mucius Scaevola*: Founding Father of Legal Science?*, «Tijdscrift voor Rectsgeschiedenis» LXXII (2004) pp. 243-262.

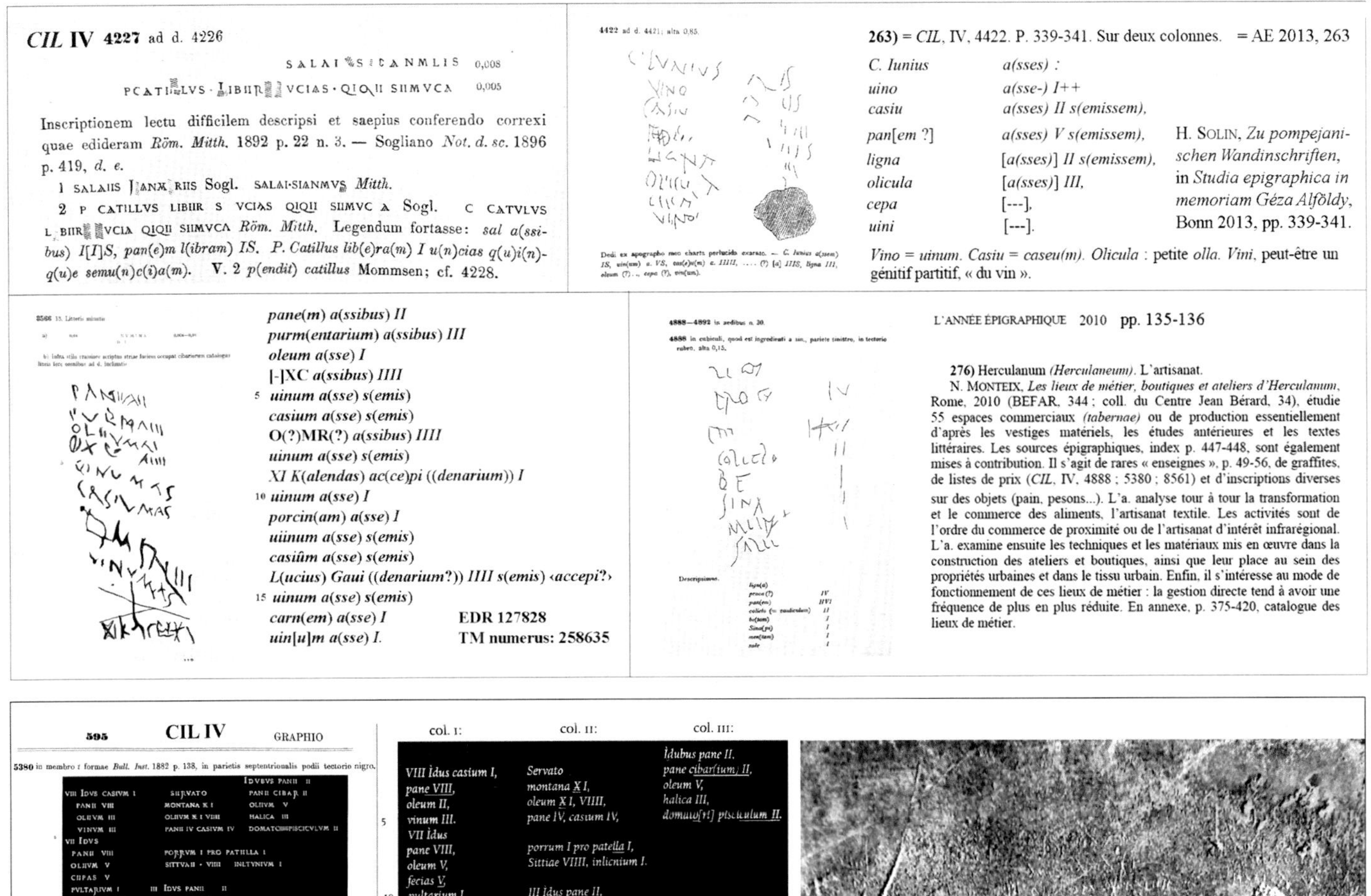

CIL IV 4227 ad d. 4226

Inscriptionem lectu difficilem descripsi et saepius conferendo correxi quae edideram *Röm. Mitth.* 1892 p. 22 n. 3. — Sogliano *Not. d. sc.* 1896 p. 419, *d. e.*

1 SALAIIS JANX RIIS Sogl. SALAI·SIANMVS *Mitth.*

2 P CATILLVS LIBIIR S VCIAS QIQII SIIMVC A Sogl. C CATVLVS L BIIR VCIA QIQII SIIMVCA *Röm. Mitth.* Legendum fortasse: *sal a(ssibus) I[I]S, pan(e)m l(ibram) IS. P. Catillus lib(e)ra(m) I u(n)cias q(u)i(n)q(u)e semu(n)c(i)a(m).* V. 2 *p(endit) catillus* Mommsen; cf. 4228.

263) = *CIL*, IV, 4422. P. 339-341. Sur deux colonnes. = AE 2013, 263

C. Iunius	*a(sses) :*
uino	*a(sse-) I++*
casiu	*a(sses) II s(emissem),*
pan[em ?]	*a(sses) V s(emissem),*
ligna	*[a(sses)] II s(emissem),*
olicula	*[a(sses)] III,*
cepa	[---],
uini	[---].

H. SOLIN, *Zu pompejanischen Wandinschriften*, in *Studia epigraphica in memoriam Géza Alföldy*, Bonn 2013, pp. 339-341.

Vino = *uinum*. *Casiu* = *caseu(m)*. *Olicula* : petite *olla*. *Vini*, peut-être un génitif partitif, « du vin ».

pane(m) a(ssibus) II
purm(entarium) a(ssibus) III
oleum a(sse) I
[-]XC a(ssibus) IIII
uinum a(sse) s(emis)
casium a(sse) s(emis)
O(?)MR(?) a(ssibus) IIII
uinum a(sse) s(emis)
XI K(alendas) ac(ce)pi ((denarium)) I
uinum a(sse) I
porcin(am) a(sse) I
uiinum a(sse) s(emis)
casiûm a(sse) s(emis)
L(ucius) Gaui ((denarium?)) IIII s(emis) ‹accepi?›
uinum a(sse) s(emis)
carn(em) a(sse) I
uin[u]m a(sse) I.

EDR 127828
TM numerus: 258635

L'ANNÉE ÉPIGRAPHIQUE 2010 pp. 135-136

276) Herculanum *(Herculaneum)*. L'artisanat.
N. MONTEIX, *Les lieux de métier, boutiques et ateliers d'Herculanum*, Rome, 2010 (BEFAR, 344 ; coll. du Centre Jean Bérard, 34), étudie 55 espaces commerciaux *(tabernae)* ou de production essentiellement d'après les vestiges matériels, les études antérieures et les textes littéraires. Les sources épigraphiques, index p. 447-448, sont également mises à contribution. Il s'agit de rares « enseignes », p. 49-56, de graffites, de listes de prix (*CIL*, IV, 4888 ; 5380 ; 8561) et d'inscriptions diverses sur des objets (pain, pesons...). L'a. analyse tour à tour la transformation et le commerce des aliments, l'artisanat textile. Les activités sont de l'ordre du commerce de proximité ou de l'artisanat d'intérêt infrarégional. L'a. examine ensuite les techniques et les matériaux mis en œuvre dans la construction des ateliers et boutiques, ainsi que leur place au sein des propriétés urbaines et dans le tissu urbain. Enfin, il s'intéresse au mode de fonctionnement de ces lieux de métier : la gestion directe tend à avoir une fréquence de plus en plus réduite. En annexe, p. 375-420, catalogue des lieux de métier.

595 CIL IV GRAPHIO

5380 in membro : formae *Bull. Inst.* 1882 p. 138, in parietis septentrionalis podii tectorio nigro.

Descripsi. — Sogliano *Not. d. sc.* 1880 p. 396.
Col. 1, 19 HXIIRIIS X om. Sogl.; quid sibi velit nescio. — 21 *tri(t)icum*; . . DICVM Sogl.
Col. 2, 8 SITTVAII Sogl.; ego sextam litteram descripsi A. — IN . . . NIVM Sogl.
Col. 3, 5 *domato[ri]* cf. col. 1, 15.

col. I:
VIII Idus casium I,
pane VIII,
oleum II,
vinum III.
VII Idus
pane VIII,
oleum V,
fecias V,
pultarium I,
pane puero II,
vinum II.
VI Idus pane VIII,
puero pane IV,
halica III.
V Idus vinum domatori X,
pane VIII, vinum II,
IV Idus HXIIRIIS X,
femininum VIII,
tridicum X I,
bubella I, palmas I,
thus I, casium II,
botellum I,
casium molle IV,
oleum VIII.

col. II:
Servato
montana X I,
oleum X I, VIIII,
pane IV, casium IV,
porrum I pro patella I,
Sittiae VIIII, inlicnium I.
III Idus pane II,
pane puero II.
pri(die) Idus puero pane II,
pane cibariu I,
porrum I.
casium II,
pane II.

col. III:
Idubus pane II,
pane cibar(ium) II,
oleum V,
halica III,
domato[ri] pisciculum II.

Trascrizione H. Solin - P. Caruso (2016)

Fig. 12. Esempi di *memoranda sumptuaria* con funzione pratica dall'area vesuviana, con apografi del *CIL*. L'ultimo in basso (c.d. *memorandum sumptuarium Pompeianum*), è graffito su una parete nera, qui rievocata invertendo (a sin.) il colore delle trascrizioni.

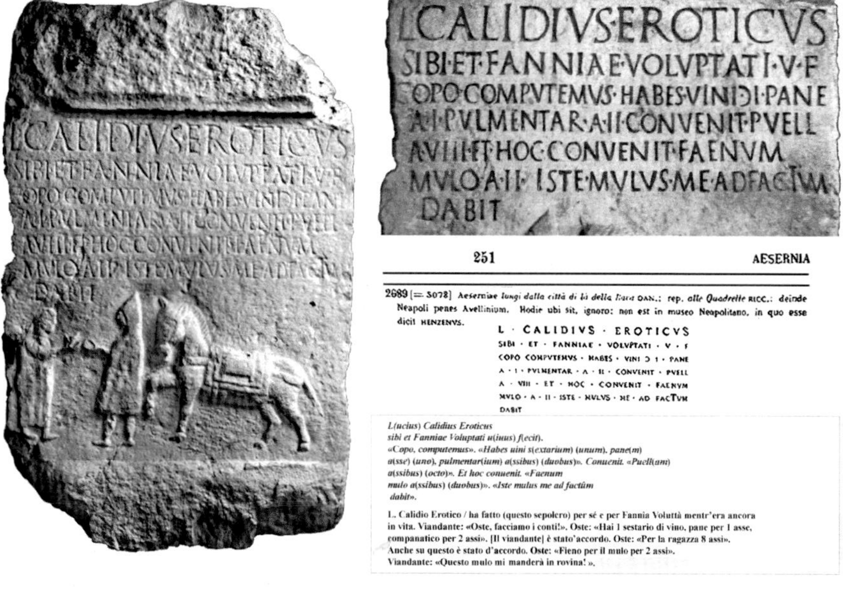

251 AESERNIA

2689 [= 5078] *Aeserniae lungi dalla città di là della liava* DAN.: *rep. alle Quadrelle* RICC.: deinde Neapoli penes Avellinium. Hodie ubi sit, ignoro: non est in museo Neapolitano, in quo esse dicit HENZENVS.

L · CALIDIVS · EROTICVS
SIBI · ET · FANNIAE · VOLVPTATI · V · F
COPO COMPVTEMVS · HABES · VINI Ↄ I · PANE
A · I · PVLMENTAR · A · II · CONVENIT · PVELL
A · VIII · ET · HOC · CONVENIT · FAENVM
MVLO · A · II · ISTE · MVLVS · ME · AD FACTVM
DABIT

L(ucius) Calidius Eroticus
sibi et Fanniae Voluptati u(iuus) f(ecit).
«Copo, computemus». «Habes uini s(extarium) (unum), pane(m)
a(sse) (uno), pulmentar(ium) a(ssibus) (duobus)». Conuenit. «Puell(am)
a(ssibus) (octo)». Et hoc conuenit. «Faenum
mulo a(ssibus) (duobus)». «Iste mulus me ad factûm
dabit».

L. Calidio Erotico / ha fatto (questo sepolcro) per sé e per Fannia Voluttà mentr'era ancora in vita. Viandante: «Oste, facciamo i conti!». Oste: «Hai 1 sestario di vino, pane per 1 asse, companatico per 2 assi». [Il viandante] è stato'accordo. Oste: «Per la ragazza 8 assi». Anche su questo è stato d'accordo. Oste: «Fieno per il mulo per 2 assi». Viandante: «Questo mulo mi manderà in rovina! ».

Fig. 13. Stele di *L. Calidius Eroticus* da Isernia. Paris, Louvre.

Della 'rappresentazione simbolica' di un elenco di cibi conosciamo un altro solo caso, del I sec. d. C., inciso sulla stele da Isernia di *L. Calidius Eroticus* (fig. 13) oggi al Louvre[24], caso del tutto diverso e 'plebeo' ma da citatare, in mancanza di più stringenti ed appropriati confronti, per qualche analogia e per il difetto di funzione pratica della 'lista' alimentare: non è sicuro trattarsi, come appparirebbe a prima vista, di un cippo funerario con epitaffio e raffigurazione del defunto, perché in realtà nell'epigrafe, dopo l'*incipit* tradizionale che il committente ha provveduto al sepolcro per sé e per la moglie mentr'era ancora in vita, segue un dialogo fra un *caupo* e un viandante su quanto questi ha consumato nella taverna dove ha sostato e dalla quale sta per riprendere il viaggio; il dialogo termina con una battutta tale da suscitare il riso e i due personaggi sono raffigurati l'uno di fronte all'altro, il viandante – evidentemente Calidio Erotico – vestito della tipica mantellina con cappuccio da viaggio e il mulo al seguito. L'oste gli elenca le consumazioni con i relativi prezzi, inclusi 8 assi per il rapporto sessuale con una ragazza e 2 assi per il fieno del mulo, al che il viandante, che aveva assentito a tutti i prezzi, sbotta a dire "questo mulo mi manderà in rovina!". La *vis comica* – a me sembra – risiede nel 'confronto' fra i 3 assi (+ probabilmente 1 per il vino) spesi per il pasto dell'uomo, gli 8 assi per il sesso e i 2 assi di fieno (ritenuti tanto spropositati da suscitare ilarità).

[24] W. FRÖHNER, *Iste mulus me ad factum dabit*, «Philologus» XXII (1865) 1-4, pp. 331-334; *CIL* IX 2689 = *ILS* 7478 = *AE* 1983, 329 = *AE* 2005, 433; P. FLOBERT, *AE 1983*, in *Melanges de letterature et d'epigraphie latines, d'histoire ancienne et d'archeologie. Hommage a la memoire de Pierre Wuilleumier* [Collection d'Etudes Latines 35], Paris 1980, pp. 121-128 fig. 1; M. BUONOCORE, *Aesernia. Le iscrizioni (Molise. Repertorio delle iscrizioni latine V, 2)*, Campobasso 2003, pp. 124-126, nr. 89 con foto; TERENZIANI, *«L. Calidi Erotice,* cit. a n. 16, pp. 1-16 [http://www.veleia.it/ download/allegati/fn000219.pdf]; H. BANNERT, *'Herr Wirt, die Rechnung!' Ein Grabstein aus Aesernia (CIL IX 2689) und einige Bemerkungen zur Interpretation von Text und Bild*, in F. BEUTLER – E. WEBER – W. HAMETER, *Eine ganz normale Inschrift*, Wien 2005, pp. 203-213: secondo cui si tratterebbe di una scena di mimo o di una rappresentazione teatrale, dove *Eroticus* avrebbe recitato e che gli sarebbe valsa una certa notorietà; HD000649 (A. Scheithauer 8); J.R. PORTER, *L. Calidius Eroticus and Fannia Voluptas CIL IX.2689*, Google © 2018.

Le interpretazioni proposte, comunque, vanno dal cippo funerario per cui tramite si vorrebbe destare il riso nel passante, al segnacolo di un'osteria, fino alla scena di una rappresentazione teatrale recitata dal committente Calidio Erotico, che ne avrebbe acquistato popolarità da ricordare nel suo epitaffio.

Quel che a noi qui interessa è ad ogni modo l'unico dato certo: che la stele di Isernia costituisce, insieme al *memorandum sumptuarium* della Villa del Giurista, il solo caso di iscrizione d'un elenco alimentare col suo preziario, che non abbia scopo pratico ma allegorico.

2.2. *La cronologia degli affreschi: la data* a(nte) d(iem) XVII K(alendas) Febru(arias)*, la sua appartenenza al Calendario Giuliano e la determinazione dell'anno sulla base del ciclo nundinale del 41-40 a.C.*

Nel *memorandum sumptuarium* si trova un'indicazione che consente di determinare l'anno: essa è la data del 16 gennaio espressa con la dizione *a*(*nte*) *d*(*iem*) *XVII K*(*alendas*) [14]|[15] *Febru*(*arias*): alla lettera «il giorno 17° prima delle Calende di febbraio», secondo l'uso romano di contare *dies a quo* e *dies ad quem*, corrispondente nel Calendario Giuliano al 16 gennaio, che arrivò ai 31 *dies* conservati fino ad oggi solo a seguito della riforma di Giulio Cesare, il quale nel 46 a.C. aggiunse al mese, che aveva solo 29 giorni, altri due: il 30 e il 31. La data *a.d. XVII K. Febr.* non esisteva dunque nel precedente Calendario Numano, quando gennaio aveva 29 giorni e in cui perciò «il giorno 17° prima delle Calende di febbraio» corrispondeva al 14 gennaio[25], detto canonicamente e di norma *postridie Idus Ianuarias*, cioè «il giorno dopo le Idi di gennaio»[26], che nel primo mese dell'anno cadevano il 13.

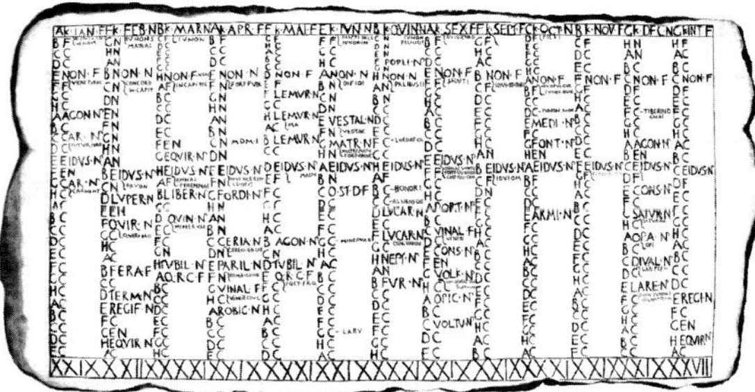

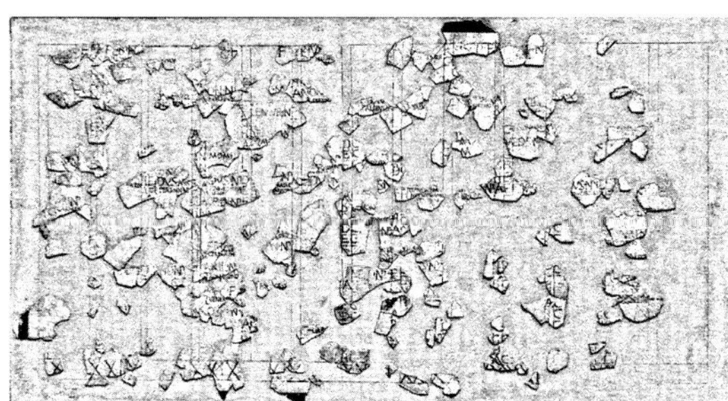

Figg. 14-15. Calendario Numano del Museo del Teatro Romano di *Caesaraugusta* e dei *Fasti Antiates* del Museo Nazionale Romano di Palazzo Massimo.

---

[25] Il 17° giorno prima delle Calende di febbraio quando gennaio aveva 2 giorni in meno di quanti ne avrebbe avuti nel Calendario Giuliano.

[26] È impossibile stabilire le date delle nundinae e dei mercati prima della riforma calendariale augustea dell'8 a.C. (cfr. note 19-20). Si vedano comunque: A.K. MICHELS, *The Calendar of the Roman Republic*, Princeton, 1967, 27, 191-206; F. DELLA CORTE, *L'antico calendario dei Romani*, Genova, 1969, pp. 56-57; P. BRIND'AMOUR, *Le calendrier romain*, Ottawa, 1983, 45-83, 117 s. in particolare; CH. BENNET, *The Imperial Nundinae Cycle*, «ZPE» XXXVIII (2004) 147, pp. 175-179, *cui adde* F. COSTABILE, *L'*auctio *della* fiducia *e del* pignus *nelle tabelle dell'agro Murecine*, Soveria Mannelli [Catanzaro], 1992, pp. 75-83); J. KER, *Nundinae: the culture of the Roman week*, «Poenix» LXIV (2010) 1-2, pp. 361-385 (alle pp. 362 s., 372, 375 con riferimento a Rutilio Rufo); P.Y.L. WARNE *Il Calendario Giuliano*, «Vrbis et Orbis» 2016-05-24, pp. 1-16, e ID., *Il Calendario pregiuliano*, *ibidem*, pp. 1-27 [https:www.urbisetorbis.org].

Calendario Giuliano (gennaio 31 giorni): ciclo nundinale dal 31 Dicembre 41 a.C. al 1 Febbraio 40 a.C.

31 C *Pridie Kalendas Ianuarias anno DCCXIV a.U.c. Nundinae*
1 A *Kalendae Ianuariae anno DCCXIV a.U.c. = 40 a.C.*
2 B *postridie Kalendas Ianuarias*
3 C *ante diem III Nonas Ianuarias*
4 D *pridie Nonas Ianuarias*
5 E *Nonae Ianuariae*
6 F *postridie Nonas Ianuarias*
7 G *ante diem VII Idus Ianuarias*
8 H *ante diem VI Idus Ianuarias Nundinae*
9 A *ante diem V Idus Ianuarias*
10 B *ante diem IV Idus Ianuarias*
11 C *ante diem III Idus Ianuarias*
12 D *pridie Idus Ianuarias*
13 E *Idus Ianuariae*
14 F *postridie Idus Ianuarias*
15 G *ante diem XVIII Kalendas Februarias*
16 H *ante diem XVII Kalendas Februarias Nundinae*
17 A *ante diem XVI Kalendas Februarias*
18 B *ante diem XV Kalendas Februarias*
19 C *ante diem XIV Kalendas Februarias*
20 D *ante diem XIII Kalendas Februarias*
21 E *ante diem XII Kalendas Februarias*
22 F *ante diem XI Kalendas Februarias*
23 G *ante diem X Kalendas Februarias*
24 H *ante diem IX Kalendas Februarias Nundinae*
25 A *ante diem VIII Kalendas Februarias*
26 B *ante diem VII Kalendas Februarias*
27 C *ante diem VI Kalendas Februarias*
28 D *ante diem V Kalendas Februarias*
29 E *ante diem IV Kalendas Februarias*
30 F *ante diem III Kalendas Februarias*
31 G *pridie Kalendas Februarias*
1 H *Kalendae Februariae Nundinae*

Calendario Numano (gennaio 29 giorni)

1 A *Kalendae Ianuariae*
2 B *postridie Kalendas Ianuarias*
3 C *ante diem III Nonas Ianuarias*
4 D *pridie Nonas Ianuarias*
5 E *Nonae Ianuariae*
6 F *postridie Nonas Ianuarias*
7 G *ante diem VII Idus Ianuarias*
8 H *ante diem VI Idus Ianuarias*
9 A *ante diem V Idus Ianuarias*
10 B *ante diem IV Idus Ianuarias*
11 C *ante diem III Idus Ianuarias*
12 D *pridie Idus Ianuarias*
13 E *Idus Ianuariae*
14 F *postridie Idus Ianuarias* {*a.d. XVII Kal. Febru.*}
15 G *ante diem XVI Kalendas Februarias*
16 H *ante diem XV Kalendas Februarias*
17 A *ante diem XIV Kalendas Februarias*
18 B *ante diem XIII Kalendas Februarias*
19 C *ante diem XII Kalendas Februarias*
20 D *ante diem XI Kalendas Februarias*
21 E *ante diem X Kalendas Februarias*
22 F *ante diem IX Kalendas Februarias*
23 G *ante diem VIII Kalendas Februarias*
24 H *ante diem VII Kalendas Februarias*
25 A *ante diem VI Kalendas Februarias*
26 B *ante diem V Kalendas Februarias*
27 C *ante diem IV Kalendas Februarias*
28 D *ante diem III Kalendas Februarias*
29 E *pridie Kalendas Februarias*
1 F *Kalendae Februariae*

Pur non potendosi escludere del tutto l'eventualità di un'indicazione scorretta nel Calendario Numano – cioè *a*(*nte*) *d*(*iem*) *XVII K*(*alendas*) *Febru*(*arias*) anziché l'ortodosso *postr*(*idie*) *Idus Ian(uarias*)[27] – abbiamo così raggiunto almeno un'alta probabilità, che vedremo combinarsi con altri dati in un vero e proprio punto fermo: un termine *post quem* sembra dunque l'introduzione del Calendario Giuliano nel 46 a.C. Tuttavia la cronologia può ulteriormente precisarsi ed è dalla combinazione dei dati ulteriori, che deriva una sostanziale certezza statistica.

Mi sono infatti chiesto perché indicare una data, oltreché il nome di un umile ortolano, in un programma pittorico che voleva 'eternare' un documento effimero come una lista della spesa, cui, nonostante la sua apparente insignificanza, si attribuiva valore paradigmatico. Diedi, nel citato articolo del 2018, la spiegazione che il committente volesse commemorare 'ideologicamente' la frugalità catoniana della mensa di Q. Mucio Scevola, diventata proverbiale e ricordata dalle fonti quasi come un *unicum* ancora a distanza di secoli. Infatti i generi alimentari semplici e tradizionali della cucina contadina romana elencati nel *memorandum sumptuarium* sono ben lontani dalle prelibatezze della *luxuria* ancor oggi detta luculliana, come murene e animali esotici. Quelli qui elencati erano invece popolari cibi campagnoli di poco costo, che consentivano di rispettare i limiti di spesa imposti nei banchetti dalla *Lex Fannia* e dalle altre reiterate – e dunque presumibilmente disattese – *leges sumptuariae*.

Ma perché nominare l'umile ortolano *Gentius*[28] in un programma pittorico celebrativo? L'arte celebrativa romana dovrà aspettare l'Arco di Traiano a Benevento perché sia raffigurato – si pensava per la prima volta – un umile plebeo[29] accanto ai potenti e alle personificazioni dell'universo mitologico. Io credo che la risposta la dia Ateneo, quando, nel passo già citato, tramanda che Quinto Mucio, per rispettare i limiti di spesa della *lex Fannia* senza affamare i suoi ospiti, ricorreva all'espediente di acquistare generi alimentari dai suoi *clientes* chiedendo loro forti sconti: Genzio doveva dunque essere uno di questi *clientes*, il cui nome era diventato famoso in ambito familiare e amicale quanto proverbiale era ormai quello del suo antico *patronus* in rapporto alla frugalità 'catoniana' della mensa, tanto apprezzata dai romani 'conservatori'.

---

[27] Cic., *Ad Att.* X 2 e X 14 del 49 a.C., XIV 7 e XV 17 del 44 a.C. scrive correttamente *postridie*, mentre in X 8 scrive *VI Non.* anziché *postr. Kal.* (*Maias*) e in X 17, del 49 a.C. come la precedente, scrive *XVII Kal. Iun.* anziché *postr. Id. Maias*, in XI 11 e 12 del 47 a.C. anziché *postr. Non.* scrive *VIII Id. Mart.*, in XV 9 del 44 scrive *IIII Non.* anziché *postr. Kal. Iun.*

[28] Il nome, servile o libertino nell'onomastica romana, è illirico: cfr. H. KRAHE, *Lexikon altillyrischer Personennamen*, Heidelberg 1929, pp. 53-54 nr. 1 (re illirico del 197-168 a.C.), 54 nr. 2 (occorrenze di altri nomi in greco e in latino); B. LŐRINCZ, Onomasticon provinciarum Europae Latinarum [OPEL], II, Wien 1999, p. 165 s.v. *Gentius* segnala *CIL* III 8437 (*Dalmatia*), *CIL* XIII 1670 (*Hispania*), *CIL* III Suppl. 1, 8437 (*Narona, Dalmatia*), *CIL* XIII 1670 (II sec. d.C., da *Condate*); *cui* adde: *CIL* VI 13745 (*Caecilius Gentius* da un colombario) e *CIL* VI 33870 = 37775a; *CIL* I² 1411 e pp. 840, 980; *Imagines* 231; *ILS* 7471; D. VELESTINO, *La galleria lapidaria dei Musei Capitolini*, Roma, 2015, p. 51 NCE 504: *C*(*aius*) *Vergili*(*us*) *C*(*aii*) *l*(*ibertus*) | *Genti*(*us*) *lanius* | *ab luco Lubent*(*inae*), macellaio del bosco della dea Libitina. In epoca ostrogotica e nel VI sec. d.C. si trova *Gentio – Gentionis*, ritenuto «nome tipicamente goto» da G. MANGANARO, *Greco nei pagi e latino nelle città della Sicilia 'romana'*, in *L'epigrafia del villaggio. Atti Colloquio Borghesi (Forlì 1990)*, Faenza 1993, pp. 585-586 = ID., *Dell'antica madre. Scritti scelti di storia epigrafia e numismatica della Sicilia antica*, Catania – Roma, 2020, pp. 91-392 e n. 119, ma piuttosto illirico e diffuso in tale variante.

[29] R. LAURENDI, *Institutum Traiani. Alimenta Italiae. Obligatio praediorum. Sors et usura*, Roma 2018, pp. 74, 156 (figg. 18 p. 75 e 30 p. 83) con bibl. a n. 288; M.A. CALABRÒ, *Noticina a Plinio J.,* Panegyricus *XXVI 1-3*, «MEP» XXIII (2020) 25, pp. 61-64. Vedi anche *infra*, n. 82.

Tuttavia, poiché la data del 16 gennaio indica, con ogni probabilità, un anno posteriore alla riforma calendariale del 46 a.C., l'ortolano Genzio, se aveva acquistato fama come rivenditore di Quinto Mucio morto nell'82, doveva essere ancora in vita e attivo dopo il 46 a.C.

Non v'è dubbio che un discendente di prima o seconda generazione, un figlio (o un nipote) del Q. Mucio costruttore della villa perseverava nella parsimonia e nella modestia del padre (o del nonno). Tant'è che si limitò ad ampliare la dimora di poco più di 200 mq al piano terra e al massimo altrettanti al primo piano, se non fece della estensione della *basis uillae* semplicemente la sostruzione di una balconata panoramica (fig. 2a): la villa raggiunse così un migliaio di mq, comunque, quanto a superficie, sempre fra 1/3 e 1/4 dello standard più basso.

Inoltre il committente del ciclo pittorico condivideva a tavola la semplicità del nonno (o del padre) come prisco valore del *mos maiorum*, facendola rappresentare come vanto familiare nell'affresco e rifornendosi da quello stesso ortolano Genzio, che possiamo pensare ne avesse servito l'ascendente una quarantina d'anni prima, quando era ragazzo, e che avrà ormai avuto al tempo degli affreschi una buona settantina d'anni.

In conclusione, il riferimento di Ateneo agli acquisti alimentari di Q. Mucio dai suoi *clientes* può spiegare il nome di Genzio nel contesto pittorico di esaltazione della frugalità della mensa, ma vedremo che lo stesso Autore ci aiuta anche a chiarire la ragione per cui sia stata indicata la data del 16 gennaio, che, pur in mancanza di una funzione pratica e anzi proprio per questo, non possiamo credere sia stata scritta senza uno scopo e un significato.

Nei *memoranda sumptuaria* 'reali', cioè con valore pratico nella quotidianità, graffiti sui muri per rendere noti ai clienti delle *cauponae*, dei *deuersoria* o degli *hospitia* i costi delle pietanze (fig. 12), le date in cui acquistarle hanno ovviamente una funzione, ma nelle liste scritte su papiro o pergamena per i servi incaricati degli acquisti la data doveva perfino mancare, così come nemmeno noi per lo più la scriviamo sul foglietto di carta che usiamo come promemoria andando a fare la spesa.

Pertanto, sotto questo aspetto, in un affresco celebrativo è ovvio che la data non riveste nemmeno quella funzione di 'mimesi' della realtà che ha il resto della lista, né ha ovviamente funzione pratica. Essa deve dunque veicolare un altro messaggio.

Ci aiuta a comprenderlo, anzitutto, ancora una volta Ateneo di Naucrati, il quale precisa che la *lex Fannia* rispettata da Quinto Mucio Scevola consentiva di avere a pranzo solo tre ospiti estranei alla famiglia, salvo che nei 'giorni di mercato' (*κατὰ ἀγορὰν*), cioè in quelle che che i romani chiamavano *Nundinae*, quando si potevano acquistare i prodotti che i contadini portavano a Roma dalla campagna a cadenza fissa ogni otto giorni.

Secondo il ricordato uso romano di contare il *dies a quo* e quello *ad quem*, il giorno era considerato il nono (anziché l'ottavo, come sarebbe nel nostro sistema di computo che esclude il *dies a quo*) e fra una Nundina e la successiva intercorrevano 7 giorni. Inoltre – ad onta della nostra moderna mentalità e sensibilità matematica – il *dies nundinalis*, cioè il giorno del mercato, veniva contato sia come ultimo della sequenza che chiudeva, sia come primo della successiva. La superstizione – diremmo noi – ma per i Romani la *religio*, imponeva di evitare che le Nundine cadessero il 1 gennaio (*Kalendae Ianuariae*). Il ciclo nundinale (vedi nota 26) era sempre fisso e prevedibile negli anni, in modo che contadini, agricoltori e allevatori fossero certi del giorno in cui recarsi in città per vendere le loro mercanzie; ma quando capitava che il ciclo avrebbe avuto il *dies nundinalis* nel Capodanno seguente, il collegio dei Pontefici inseriva sempre nell'anno in corso un giorno supplementare, detto *dies intercalaris*, dopo il 24 febbraio, chiamandolo bisestile (come noi facciamo con il 29 febbraio). In età repubblicana la 'settimana' non aveva i 7 giorni denominati astronomicamente da pianeti o satelliti (lunedì, martedì etc.), come avvenne dall'età imperiale fino ad oggi, ma ne aveva 8 indicati con le lettere alfabetiche da A ad H e il Capodanno iniziava il ciclo nundinale (noi diremmo settimanale) sempre con la lettera A, indipendentemente dalla lettera che concludeva l'anno nel precedente 31 dicembre,

È tuttavia impossibile stabilire i cicli nundinali per gli anni anteriori all'8 a.C., quando Augusto attuò nel Calendario Giuliano la riforma, tutt'oggi vigente, della regolare cadenza quadriennale dell'anno bisestile[30], perché prima il bisestile era inserito discrezionalmente dai Pontefici. Di conseguenza, per stabilire le date delle *Nundinae* prima dell'8 a.C. non si può ricorrere al calcolo matematico di un calendario fisso, valido solo dopo quell'anno, ma bisogna avere qualche rarissima informazione diretta delle fonti. Abbiamo la sfacciata fortuna che Cassio Dione[31] tramandi che nel 41 a.C. il Collegio dei Pontefici introdusse il *dies intercalaris* dopo il 24 febbraio proprio per evitare che il successivo 1 gennaio del 714 *ab Urbe condita*, corrispondente al 40 a.C., coincidesse con le *Nundinae*: con l'accorgimento di aggiungere un giorno a febbraio – scrive Dione – le Nundine del 41 a.C. caddero il 31 dicembre e si evitò che coincidessero col Capodanno del giorno e dell'anno dopo, o, se si preferisce, aggiungendo il *dies intercalaris* all'anno 41 a.C. furono anticipate di ventiquattr'ore e sottratte alla fatidica coincidenza con le Calende di gennaio del 40.

Poiché il *dies nundinalis* indicato con una lettera da A ad H poteva cambiare di anno in anno, ma all'interno di uno stesso anno restava identico, di modo che le *Nundinae* cadessero sempre in quel determinato e prevedibile giorno (per esempio G), per conservare tale corrispondenza nell'anno bisestile il *dies intercalaris* ripeteva la lettera del precedente giorno del 24 febbraio, come se il 24 e il 25 febbraio fossero entrambi – per intenderci – un *dies* G (anziché il 24 un G e il 25 un H) o, per noi, putacaso, entrambi un giovedì (vale a dire un giovedì 24 e un giovedì 25 anziché un giovedì 24 e un venerdì 25). Ho dunque potuto verificare, tenendo conto di questo dato della 'ripetizione' della *littera nundinalis* il 25 febbraio intercalare secondo il sistema indicato (per quanto cervellotico a noi possa sembrare), l'intera sequenza dell'anno bisestile 714 *ab Urbe condita* = 41 a.C. Sapendo inoltre che ogni Capodanno inizia con la lettera A e che il 31 dicembre del 41 a.C. era stato giorno di Nundine, ho trovato – andando a ritroso – che il giorno di mercato corrispondeva alla lettera C (sarebbe invece corrisposto alla lettera D se non vi fosse stata l'inserzione del secondo giorno intercalare bisestile al 24 febbraio, con il 'raddoppiamento' della lettera, come vedesi nella tabella a fronte). Ho anche costatato come, aggiungendo nell'anno 714 *a.U.c,* = 41 a.C. l'intercalare del 25 febbraio, reso bisestile per l'occasione dai Pontefici, quel mese si accresceva da 28 a 29 giorni, come ancor oggi, di modo che le Nundine, che sarebbero altrimenti cadute il 1 gennaio 40 a.C., cioè alle *Kalendae*, furono anticipate al 31 dicembre 41 e così determinarono il ciclo nundinale dell'anno 40, contrassegnato dalla *littera nundinalis* H, di modo che il 16 gennaio, data indicata per l'acquisto dei prodotti agricoli

---

[30] P.Y.L. WARNE, *L'intervento di Augusto sul Calendario Giuliano*, «Vrbis et Orbis» 2016-05-24, pp. 1-11 [https:www.urbisetorbis.org].

[31] Cass. Dio XLVIII 33.4.

Ciclo Nundinale dal 1 gennaio al 31 dicembre 41 a.C. (Cass. Dio XLVIII 33.4; Macr., *Sat.* I 16 5-4, 30 33-34)

Ianuarius	*Februarius*	*Martius*	*Aprilis*	*Maius*	*Iunius*	*Iulius*	*Sextilis*	*September*	*October*	*November*	*December*
1 A *Kal.*	1 H	1 D	**1** C *Nund.*	1 A *Kal*	1 H	1 F	1 G	1 F	1 F	1 G	1 E
2 B	2 A	2 E	2 D	2 B	2 A	2 G	2 H	2 G	2 G	2 H	2 F
3 C *Nund.*	3 B	3 F	3 E	**3** C *Nund.*	3 B	3 H	3 A	3 H	3 H	3 A	3 G
4 D	**4** C *Nund.*	4 G	4 F	4 D	**4** C *Nund.*	4 A	4 B	4 A	4 A	4 B	4 H
5 E *Non.*	5 D *Non.*	5 H	5 G *Non.*	5 E	5 D *Non.*	5 B	**5** C *Non. Nund.*	5 B *Non.*	5 B	**5** C *Non. Nund.*	5 A *Non.*
6 F	6 E	6 A	6 H	6 F	6 E	**6** C *Nund.*	6 D	**6** C *Nund.*	**6** C *Nund.*	6 D	6 B
7 G	7 F	7 B *Non.*	7 A	7 G *Non.*	7 F	7 D *Non.*	7 E	7 D	7 D *Non.*	7 E	**7** C
8 H	8 G	**8** C *Nund.*	8 B	8 H	8 G	8 E	8 F	8 E	8 E	8 F	8 D
9 A	9 H	9 D	**9** C *Nund.*	9 A	9 H	9 F	9 G	9 F	9 F	9 G	9 E
10 B	10 A	10 E	10 D	10 B	10 A	10 G	10 H	10 G	10 G	10 H	10 F
11 C *Nund.*	11 B	11 F	11 E	**11** C *Nund.*	11 B	11 H	11 A	11 H	11 H	11 A	11 G
12 D	**12** C *Nund.*	12 G	12 F	12 D	**12** C *Nund.*	12 A	12 B	12 A	12 A	12 B	12 H
13 E *Id.*	13 D *Id.*	13 H	13 G *Id.*	13 E	13 D *Id.*	13 B	**13** C *Id. Nund.*	13 B *Id.*	13 B	**13** C *Id. Nund.*	13 A *Id.*
14 F	14 E	14 A	14 H	14 F	14 E	**14** C *Nund.*	14 D	**14** C *Nund.*	**14** C *Nund.*	14 D	14 B
15 G	15 F	15 B *Id.*	15 A	15 G *Id.*	15 F	15 D *Id.*	15 E	15 D	15 D *Id.*	15 E	**15** C *Nund.*
16 H	16 G	**16** C *Nund.*	16 B	16 H	16 G	16 E	16 F	16 E	16 E	16 F	16 D
17 A	17 H	17 D	**17** C *Nund.*	17 A	17 H	17 F	17 G	17 F	17 F	17 G	17 E
18 B	18 A	18 E	18 D	18 B	18 A	18 A	18 H	18 A	18 A	18 H	18 F
19 C *Nund.*	19 B	19 F	19 E	**19** C *Nund.*	19 B	19 B	19 A	19 B	19 B	19 A	19 G
20 D	**20** C *Nund.*	20 G	20 F	20 D	**20** C *Nund.*	**20** C *Nund.*	20 B	**20** C *Nund.*	**20** C *Nund.*	20 B	20 H
21 E	21 D	21 H	21 G	21 E	21 D	21 D	**21** C *Nund.*	21 D	21 D	**21** C *Nund.*	21 A
22 F	22 E	22 A	22 H	22 F	22 E	22 E	22 D	22 E	22 E	22 D	22 B
23 G	23 F	23 B	23 A	23 G	23 F	23 F	23 E	23 F	23 F	23 E	**23** C *Nund.*
24 H	24 G	**24** C *Nund.*	24 B	24 H	24 G	24 G	24 F	24 G	24 G	24 F	24 D
25 A	**25 G** *bisex.*	25 D	**25** C *Nund.*	25 A	25 H	25 H	25 G	25 H	25 H	25 G	25 E
26 B	26 H	26 E	26 D	26 B	26 A	26 A	26 H	26 A	26 A	26 H	26 F
27 C *Nund.*	27 A	27 F	27 E	**27** C *Nund.*	27 B	27 B	27 A	27 B	27 B	27 A	27 G
28 D	28 B	28 G	28 F	28 D	**28** C *Nund.*	**28** C *Nund.*	28 B	**28** C *Nund.*	**28** C *Nund.*	28 B	28 H
29 E	**29** C *Nund.*	29 H	29 G	29 E	29 D	29 D	**29** C *Nund.*	29 D	29 D	**29** C *Nund.*	29 A
30 F		30 A	30 H	30 F	30 E	30 E	30 D	30 E	30 E	30 D	30 B
31 G		31 B		31 G		31 F	31 E		31 F		**31 C** ***Nund.***

In bianco su nero le Nundine e il 25 febbraio bisestile, la cui inserzione consentì di anticiparle di un giorno per evitare che cadessero infaustamente alle Calende di gennaio del successivo 40 a.C.: il ciclo è ricostruito a ritroso dalla data nundinale del 31dicembre, tramandata da Dione Cassio. È stato mantenuto per tutto l'anno il *dies nundinalis* C senza contare il 25 bisestile ma, se lo includessimo nel computo, prima del 29 febbraio il *dies nundinalis* verrebbe ad essere D (cosa meno probabile).

dall'ortolano Genzio, coincide con le Nundine, secondo la sequenza: ***31 dicembre 41 a.C. / 8 gennaio 40 a.C. / 16 gennaio 40 a.C.*** La tabella calendariale del 41 e dell'inizio del 40 a.C. consente di verificare tale straordinaria coincidenza (tabella a fronte). La concatenazione calendariale, dovuta all'informazione data da Cassio Dione, è troppo complessa e puntuale per essere dovuta al caso ed assicura un'altissima probabilità statistica – per non dir certezza – che il 16 gennaio indicato nell'affresco per l'acquisto degli ortaggi secondo il Calendario Giuliano[32], appartenga al 40 a.C. e indichi le Nundine non solo perché usualmente giorno di mercato per rifornire la dispensa, ma anche perché giorno in cui la legge autorizzava l'aumento del numero dei commensali estranei alla famiglia da 3 a 5, come ricorda Ateneo nel passo in cui cita la *moderatio* di Q. Mucio Scevola. L'evidenza così acquisita consentirà di contestualizzare il programma figurativo nell'ambito cronologico cui pertiene, che sotto l'aspetto pittorico è quello, analizzato da Stella Falzone, d'una raffinata committenza urbana, sotto il profilo storico è quello del secondo triumvirato e della momentanea conciliazione fra Ottaviano e Sesto Pompeo e sotto quello giuridico il momento in cui gli *equites* si erano appena visti per la prima volta riconosciuto e anzi promosso da Cesare l'accesso al ruolo sociale e scientifico giurisprudenziale, fino ad allora monopolio della *nobilitas* senatoria patrizio-plebea dei *Mucii*, dei *Seruii*, dei *Rutilii* etc. Il progetto c.d. di 'codificazione' (*compositio edicti*), assegnato da Cesare ad Aulo Ofilio[33] fu la 'punta di lancia', cui il dittatore ricorse per inserire suoi fedeli in un punto politicamente cruciale della società romana: la regolamentazione dei rapporti di diritto privato e del processo civile. Come vedremo a proposito dell'identità del comittente degli affreschi, questa contestualizzazione chiarisce, sia pure di luce riflessa, anche il punto centrale dell'indagine giuridica, cioè l'evocazione nel programma pittorico della Formula di Mucio Scevola. Per quanto riguarda invece il costruttore della Fase II A della villa (fine II – inizi I secolo a.C.), dovremo procedere all'escussione di testimoni del tutto diversi.

[32] Tale coincidenza esclude anche di fatto la possibilità, pur esistente in astratto, che qualcuno abbia erroneamente o volgarmente indicato con *ante diem XVII Kalendas Februarias* il giorno correttamente indicato come *postridie Idus Ianuarias* nel Calendario Numano.

[33] Va distinto l'incarico di *componere edictum* da quello di *redigere ad certum modum* il *ius ciuile*. D. 1.2.2.44: *Nam de legibus XX libros* [*Ofilius*] *primus conscribit: de iurisdictione idem edictum praetoris primus diligenter composuit …*; su cui G. FALCONE, *Ofilio e l'editto*, «Labeo» XLII (1996), pp. 101-106 (ivi tradiz. codicologica); F. CANCELLI, *La codificazione dell'*Edictum praetoris *dogma romanistico*, Milano 2010, pp. 37-62 (in part. pp. 42 ss.); A. TORRENT, *Ofilius, nam de iurisdictione idem* Edictum praetoris *primus diligenter composuit*, «SDHI» LXXXIII (2017), pp. 37-62 (in part. pp. 42 ss.). Suet., *Diu. Iulius* 40: *Ius ciuile ad certum modum redigere atque ex immensa diffusaque legum copia optima quaeque et necessaria in paucissimos conferre libros* (…). *Talia agentem atque meditantem mors praeuenit*. Cfr. C. ARNO, *Scuola Muciana e Scuola Serviana*, Modena 1922, p. 64 e soprattutto E. POLAY, *Der Kodifizierungsplan des Julius Caesar*, «*Iura*» XVI (1965), pp. 27-51; A. SCHIAVONE, *Nascita della giurisprudenza: cultura aristocratica e pensiero giuridico nella Roma tardorepubblicana*, Roma – Bari 1976, p. 56; F. D'IPPOLITO, *I giuristi e la città*, Napoli, 1978, pp. 93 ss.; R.A. BAUMAN, *Lawyers in Roman Republican Politics. A study of the Roman jurists in their political setting 316-82 B.C.*, München1983, p. 79; F. CASAVOLA, *Cicerone e Giulio Cesare tra democrazia e diritto*, in G.G. ARCHI (cur.), *Questioni di giurisprudenza tardo-repubblicana*, Milano 1985, pp. 283-284; A. CANNATA, *Potere centrale e giurisprudenza nella formazione del diritto privato romano*, in J. PARICIO (dir.), *Poder polìtico y derecho en la Roma clàsica*, Madrid 1996, p. 69-70; P. CERAMI, *Il sistema ofiliano*, in E. DOVERE (cur.), *La codificazione del diritto dall'antico al moderno*, Napoli 1998, p. 98-99; J. PARICIO, *Los proyectos codificadores de Pompeyo y Cèsar*, *Cuadernos de Historia del Derecho* XI (2004), vol. extr. I (Hom. J.M. Pérez Muñoz-Arranco), p. 237; P. BIAVASCHI, *Caesari familiarissimus. Ricerche su Aulo Ofilio e il diritto successorio fra Repubblica e Principato*, Milano 2011, pp. 19 ss. con bibliogr. alle nn. 39-43. V. n. 115.

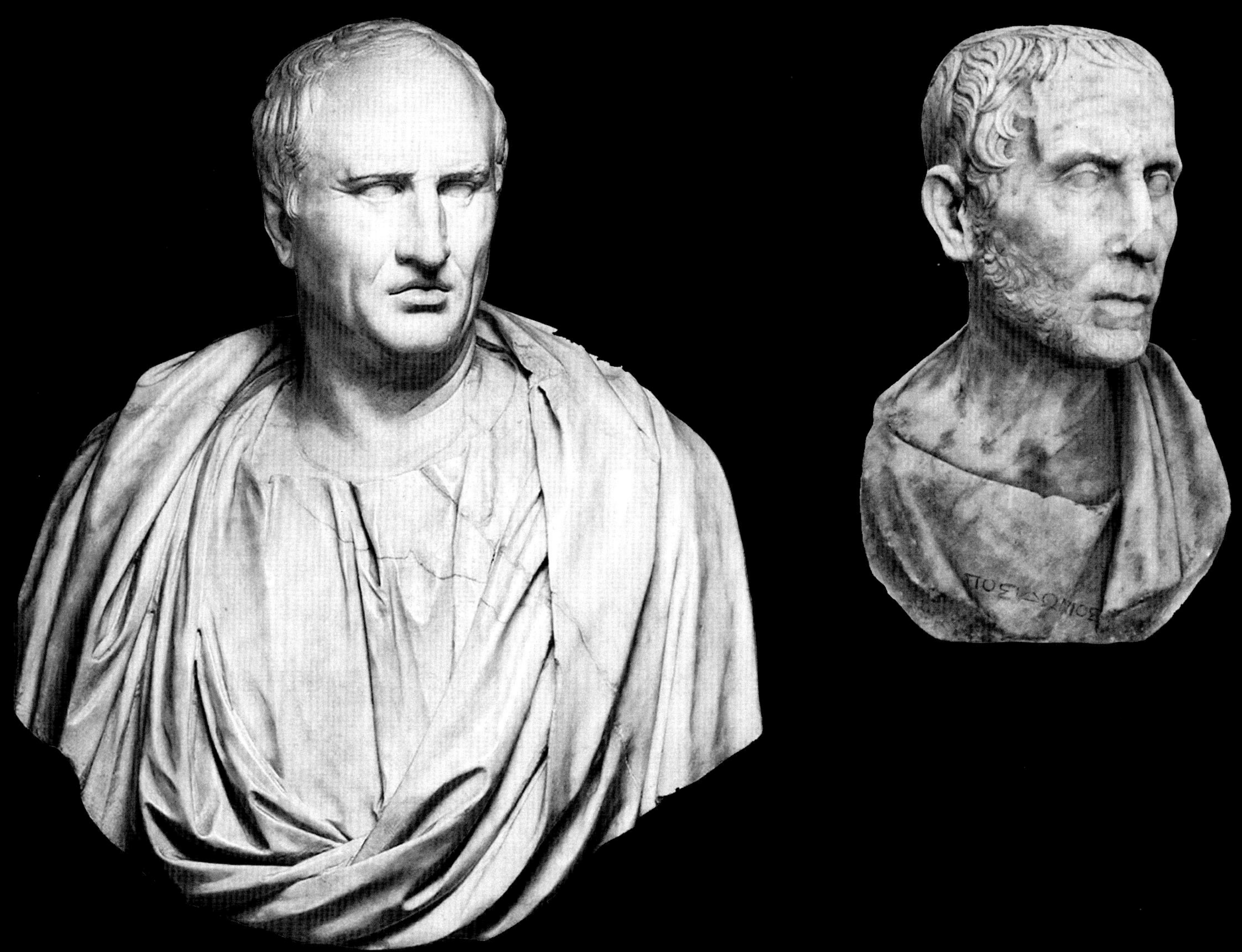

Figg. 16-17. ***A sinistra*****: busto di Cicerone in marmo (metà I sec. a.C.), Roma, Musei Capitolini inv. MC 0589.** ***A destra*****: busto di Posidonio di Apamea in marmo (replica augustea da originale della prima metà del I sec. a.C.), Napoli, Museo Archeologico Nazionale inv. 6142. Dal primo direttamente e dal secondo tramite Ateneo di Naucrati abbiamo testimonianze determinanti, che consentono di discernere fra i due omonimi giuristi chiamati Q. Mucio Scevola: l'*****Augur*** **(†88 a.C.) e il** ***Pontefex Maximus*** **(†82 a.C.), dei quali Cicerone e Posidonio furono contemporanei.**

3. *L'identità del giurista* Q. Mucius Scaeuola *nelle fonti antiche e nel dibattito critico dell'età moderna: l'opzione fra l'Augure e il Pontefice Massimo.*

3.1. *Cicerone, Columella, Plinio il Vecchio e Ateneo.*

I due giuristi omonimi quasi contemporanei chiamati *Quintus Mucius Scaeuola* furono l'Augure, figlio di Quinto (160-88 a.C., cos. 117[34]), e il *Pontifex Maximus* figlio di Publio (140-82 a.C., cos. 95[35]): il primo era prozio del secondo in quanto il nonno dell'Augure, Quinto (pr. 215, †209 a.C.), era anche bisnonno del Pontefice[36] in linea paterna (*infra* Genealogia). Per l'uno e per l'altro fonte precipua è il *Brutus de oratore* (46 a.C.), ma anche il *Laelius de amicitia* (51 a.C.) di Cicerone (fig. 16), che da giovane li conobbe e seguì entrambi come maestri del *ius ciuile*, tanto che la sua testimonianza – benché scritta alcuni decenni dopo la morte dei due protagonisti – può considerarsi contemporanea e comunque diretta; fonti successive sono il *de re rustica* di Columella (circa 65 d.C.) e la *Naturalis Historia* di Plinio (circa 77-78 d.C.), dove di un Q. Mucio Scevola – senza che sia precisato se fosse l'Augure o il Pontefice – si ricorda la villa per le dimensioni talmente piccole da non avere adeguata capienza per i prodotti della tenuta agricola. Lo stesso problema di identificazione si pone con la testimonianza della fonte più tardiva, i *Δειπνοσοφισταί* di Ateneo di Naucrati, pubblicati certamente *post* 192 (morte di Commodo) e fors'anche *post* 228 d.C. (morte di Ulpiano): vi sono segnalati come stoici proverbiali per la frugalità nella mensa i tre giuristi [Quinto] Elio Tuberone (cos. 118 a.C.)[37], [Publio] Rutilio Rufo (154-78 a.C.), e Q. Mucio Scevola, anche in tal caso senza che venga precisato chi quest'ultimo sia fra i due omonimi. Evidentemente Ateneo lo dava per scontato ovvero, più probabilmente, non si poneva il problema, o piuttosto non se l'era posto la sua fonte: Ateneo infatti, benché scriva a circa tre secoli dalla morte dei due *Mucii*, attinge dichiaratamente a un autore loro contemporaneo e accomunato dalla condivisione della filosofia stoica, Posidonio di Apamea (fig. 17).

In età moderna, il dibattito sull'identificazione con l'uno o con l'altro Quinto Mucio Scevola nelle fonti ha una storia di mezzo millennio di studi – da Sebastiano Corradi a Franciscus Fabricius, da Friedrich Marx a Enrica Malcovati ed Ernst Badian, da Jean-Louis Ferrary a Marc Mayer i Olivé – e sarà oggetto del paragrafo seguente.

---

[34] Bibliografia in M. MAYER I OLIVÉ, *Los* Scaevolae *de Cicerón* cit. a n. 8, n. 3.

[35] Bibliografia in F. COSTABILE, *L'archetipo di formula processuale* cit., p. 12 n. 4 e M. MAYER I OLIVÉ, *Los* Scaevolae cit. a n. 8, n. 4.

[36] Per lo stemma: F. MÜNZER, *RE* XXXI.1 (1933), s.v. *Mucius*, coll. 413-414; C.F. EILERS – N.P. MILNER, *Q. Mucius Scaevola and Oenoada: A New Inscription*, «Anatolian Studies» XLV (1995), p. 84; ora J.-L. FERRARY, *Introduzione a Quinto Mucio*, in ID. – A. SCHIAVONE – E. STOLFI, *Quintus Mucius Scaevola. Opera*, Roma 2018 (*SIR* I), p. 28; e soprattutto M. ZANIN, *Il triumviro monetale Cordus e i tipi monetali dell'emissione RRC 403: due questioni controverse*, «RIN» CXX (2019), p. 116; anche S. MESIHOVIĆ, *Publije Mucije Skevola. Jurista, revolucionar, historičar*, Sarajevo 2019, pp. 51-57 (in serbo: su internet traduz. in italiano); da ultimo F. CIFARELLI, *Il ninfeo di Q. Mutius a Segni*, Roma 2020, pp. 106-108.

[37] Sull'identificazione del giurista Tuberone rinvio a J.-L. FERRARY, *Philhellénisme et impérialisme. Aspects idéologiques de la conquête romaine du monde hellénistique*, [BEFAR 271] Roma 1988 (ristampato nel 2014), pp. 598-599 e a D. MANTOVANI, *Cicerone storico del diritto*, in *Atti XIII Colloquium Tullianum*, «Ciceroniana» XIII (2009) pp. 360-363.

Ora invece, data la complessità nel correlare le fonti letterarie fra loro – nonché con la produzione filologica e storica moderna e con i dati archeologici della Villa del Giurista – ritengo opportuno presentare qui preliminarmente in successione cronologica i testi escerpiti dagli autori antichi.

Cic., *Brutus* 306: *Ego autem iuris ciuilis studio multum operae dabam Q. Scaeuolae P.f., qui quamquam nemini* ‹se› *ad docendum dabat, tamen consulentibus respondendo studiosos audiendi docebat. Atque huic anno proxumus Sulla consule et Pompeio fuit.*

Io invece, dato il mio vivo interesse per il diritto civile, mi adoperavo molto a seguire Quinto Scevola figlio di Publio, il quale, benché non si desse a insegnare ad alcuno, tuttavia insegnava a quanti desideravano ascoltare quando rispondeva a quelli che lo consultavano. E a quell'anno [in cui incominciai a frequentarlo] seguì subito dopo quello del consolato di Silla e Pompeo [88 a.C.].

Cic. *Lael.* I.1: *Q. Mucius Augur multa narrare de C. Laelio socero suo memoriter et iucunde solebat nec dubitare illum in omni sermone appellare sapientem. Ego autem a patre ita eram deductus ad Scaeuolam sumpta uirili toga, ut, quoad possem et liceret, a senis latere numquam discederem. Itaque multa ab eo prudenter disputata, multa etiam breuiter et commode dicta memoriae mandabam fierique studebam eius prudentia doctior. Quo mortuo me ad Pontificem Scaeuolam contuli, quem unum nostrae ciuitatis et ingenio et iustitia praestantissimum audeo dicere.*

Quinto Mucio l'Augue soleva narrare con piacere molte cose memorabili su suo suocero Lelio né in ogni discorso esitava a chiamarlo sapiente. Io però ero stato condotto da mio padre presso Scevola quando avevo indossato la toga virile, di modo che, per quanto mi fosse possibile e consentito, non m'allontanassi mai dal fianco del vegliardo. E così mandavo a mente molte questioni da lui discusse con competenza, nonché molte affermazioni brevi e appropriate e mi studiavo di divenire più colto grazie alla sua esperienza. Fu dopo la sua morte che mi recai dal Pontefice Scevola, che oso dichiarare unico nella nostra città per l'altissimo valore sia dell'ingegno, sia del senso di giustizia.

Columella, *De re rustica* I 4.6. *Sed cum refert qualis fundus et quo modo colatur, tum uilla qualiter aedificetur et quam utiliter disponatur. Multos enim deerrasse memoria prodidit, sicut praestantissimos uiros L. Lucullum et Q. Scaeuolam, quorum alter maiores, alter minus amplas, quam postulauit modus agri, uillas exstruxit, cum utrumque sit contra rem familiarem.*

Ma non è importante soltanto qual fondo coltivare e in che modo, ma anche in quale maniera edificare la villa e più utilmente disporla. È stata infatti tramandata memoria che molti commisero gravi errori, come quei due personaggi d'altissimo rango che furono Lucio [Licinio] Lucullo e Quinto [Mucio] Scevola, dei quali l'uno costruì una villa troppo grande, l'altro troppo piccola in rapporto a quanto l'estensione della tenuta agricola richiedeva, cose che sono entrambe contrarie al(la corretta gestione del) patrimonio familiare.

Plinius, *Naturalis Historia* XVIII 7. 32. *Modus hic probatur, ut neque fundus uillam quaerat neque uilla fundum, non, ut fecere iuxta diuersis in eadem aetate exemplis L. Lucullus et Q. Scaeuola, cum uilla Scaeuolae fructus non caperet, uillam Luculli ager, quo in genere censoria castigatio erat minus arare quam uerrere.*

Si ritiene giusta questa proporzione (fra tenuta agricola e villa): che un fondo (vasto) esigga una villa (più grande), e che una (grande) villa (richieda) un fondo (più esteso), e non come fecero, secondo (due) esempi opposti nella stessa epoca, Lucio [Licinio] Lucullo e Quinto [Mucio] Scevola, sicché la villa di Scevola non aveva la sufficiente capienza per i prodotti, mentre il terreno di Lucullo non riusciva a contenere la villa, caso per il quale s'incorreva nella sanzione censoria, perché c'era più (terra) da spazzare (sui pavimenti) che da arare (nei campi).

Athenaeus, *Deipnosophistae* VI [108] 264 c-e. *Μούκιος γοῦν Σκευόλας τρίτος ἐν Ῥώμῃ τὸν Φάνιον ἐτήρει νόμον αὐτὸς καὶ Αἴλιος Τουβέρων καὶ Ῥουτίλιος Ῥοῦφος ὁ τὴν πάτριον ἱστορίαν γεγραφώς. ἐκέλευε δ'ὁ νόμος τριῶν μὲν πλείονας τῶν ἔξω τῆς οἰκίας μὴ ὑποδέχεσθαι, κατὰ ἀγορὰν δὲ τῶν πέντε· τοῦτο δὲ τρὶς τοῦ μηνὸς ἐγίνετο. ὀψωνεῖν δὲ πλείονος τῶν δυεῖν δραχμῶν καὶ ἡμίσους οὐκ ἐπέτρεπεν· κρέως δὲ καπνιστοῦ δεκαπέντε τάλαντα δαπανᾶν εἰς τὸν ἐνιαυτὸν ἐπεχώρει καὶ ὅσα γῆ φέρει λάχανα καὶ ὀσπρέων ἑψήματα. σμικρᾶς δὲ πάνυ τῆς δαπάνης ὑπαρχούσης διὰ τὸ τοὺς παρανομοῦντας καὶ ἀφειδῶς ἀναλίσκοντας ἀνατετιμηκέναι τὰ ὤνια πρὸς τὸ ἐλευθεριώτερον νομίμως προήρχοντο· ὁ μὲν γὰρ Τουβέρων παρὰ τῶν ἐν τοῖς ἰδίοις ἀγροῖς ὄρνιθας ὠνεῖτο δραχμιαίους, ὁ δὲ Ῥουτίλιος παρὰ τῶν ἁλιευόντων αὐτοῦ δούλων τριωβόλου τὴν μνᾶν τοῦ ὄψου καὶ μάλιστα τοῦ θυριανοῦ καλουμένου· μέρος δ'ἐστὶ τοῦτο θαλασσίου κυνὸς οὕτω καλούμενον. ὁ δὲ Μούκιος παρὰ τῶν εὐχρηστουμένων ὑπ' αὐτοῦ πρὸς τὸν αὐτὸν τύπον ἐποιεῖτο τὴν διατίμησιν. ἐκ τοσούτων οὖν μυριάδων ἀνθρώπων οὗτοι μόνοι τὸν νόμον ἐνόρκως ἐτήρουν καὶ δῶρον οὐδὲ τὸ μικρότατον ἐδέχοντο· αὐτοὶ δ'ἄλλοις ἐδίδοσαν καὶ φίλοις τοῖς ἀπὸ παιδείας ὁρμωμένοις μεγάλα· καὶ γὰρ ἀντείχοντο τῶν ἐκ τῆς Στοᾶς δογμάτων.*

Mucio Scevola fu dunque il terzo che a Roma mostrò di rispettare la legge Fannia: lui, Elio Tuberone e Rutilio Rufo, che scrisse una storia della sua patria. La legge consentiva infatti d'invitare a pranzo non più di tre estranei alla casa, ma nei giorni di mercato fino a cinque, il che avveniva tre volte al mese, né permetteva di comprare pesce per più di due dracme e mezzo; consentiva invece di spendere in un anno quindici talenti di carne affumicata e quanti ortaggi e legumi da cottura la terra produce. Pur essendosi ridotta la spesa davvero al minimo, a causa di quelli che, violando la legge e spendendo senza risparmio, facevano salire (i prezzi del)le merci, (quei tre) riuscirono a raggiungere, nel pieno rispetto della legge, uno stile di vita un po' più liberale. Tuberone, infatti, acquistava polli dai suoi stessi contadini al costo d'una dracma; Rutilio invece dai suoi schiavi pescatori il pesce a tre oboli la mina [436 gr.], soprattutto il cosiddetto *thyrianos*, ch'è una parte del cosiddetto pesce cane; Mucio infine si faceva fare dai (*clientes*) suoi protetti il prezzo *ad personam* (dei generi alimentari). Dunque costoro erano i soli fra tante migliaia di persone a osservare scrupolosamente la legge e non accettavano di ricevere neppure il più piccolo dono, ma erano loro a farne agli altri e di grandi agli amici d'infanzia: si attenevano infatti ai precetti che provengono dalla Scuola stoica.

Fig. 16. Corradus inginocchiato di fronte a un altare, con il suo blasone in cielo con la città di Bologna sullo sfondo (dis. Nicolò Dell'Abate, ca. 1550).

3.2. *I percorsi interpretativi dal XVI al XXI secolo per riconoscere l'Augure o il Pontefice Massimo nel* Q. Mucius Scaeuola *delle fonti.*

3.2.1. *La* quaestio.

Può dirsi che dal 1554, quando Franz (Franciscus) Fabricius[38] ritenne di emendare *P.f.* in *Q.f.* – *Q*(*uintus*) *Scaeuola P*(*ublii*) *f*(*ilius*) – nell'onomastica del personaggio tràdita da *Brutus* § 306[39] sia prevalsa l'identificazione con l'Augure; finché quattro secoli dopo, nel 1965, Enrica Malcovati[40] non rivendicò, pur senza sviluppare spiegazioni storiche, la genuinità dell'unanime tradizione manoscritta.

Il rigetto *tout court* della tesi di Fabricius da parte della Malcovati fu argomentato storicamente e filologicamente da Ernst Badian[41] nel 1967 e quindi a due riprese, nel 1988 e nel 2018, da Jean-Louis Ferrary[42], il cui riconoscimento di Q. Mucio nel Pontefice Massimo figlio di Publio io ho accolto e seguìto, in quello stesso anno[43], nel correlarne la sobrietà della tavola e l'esiguità della villa al *memorandum sumptuarium* dipinto su una parete della dimora scavata presso l'Aniene.

Ora però, in questo stesso volume Marc Mayer ì Olivé si è addentrato con nuovi validi argomenti esegetici nel problema di riconoscere, anzitutto nei testi di Cicerone, l'uno o l'altro dei due *iurisprudentes* e di verificarne la relazione con il contesto pittorico della Villa del Giurista[44]. In conseguenza del *revival* della questione, ho spinto la mia malsana o perniciosa curiosità[45] fino a scoprire che, ben prima di Fabricius, il problema dell'identificazione di Q. Mucio Scevola e della inopportunità di

[38] Cfr. W. SCHMITZ, *Franciscus Fabricius Marcoduranus (1527-1573). Ein Beitrag zur Geschichte des Humanismus*, Köln 1871.

[39] F. FABRICII, *M. Tullii Ciceronis Historia per consules descripta & in annos LXIV distincta*, Coloniae MDLIV, pp. 42 = Coloniae MDLXX, p. 30, *sub a.U.c. anno* 664: vedi *infra* n. 53.

[40] Cicero, *Scripta quae manserunt omnia.* IV. *Brutus. Ed. E. Malcovati* (Bibliotheca Teubneriana), Leipzig 1965 = Leipzig 1970², p. 95.

[41] E. BADIAN, *Review* Cicero, *Scripta quae manserunt omnia*, «JRS» LVII (1967) 1-2, pp. 223-230: vedi n. prec. e di seguito nel testo.

[42] FERRARY, *Philhellénisme* cit. a n. 37, p. 599 e n. 44, ristampato nel 2014.

[43] S. CORRADI, *Commentarius in quo M. T. Ciceronis de claris oratoribus liber, qui dicitur Brutus, & loci pene innumerabiles quum aliorum scriptorum, tum Ciceronis ipsius explicantur*, Florentiae 1552, pp. 188, 431; EIUSD., *Quaestura*, Bononiae 1555, pp. 29-30. Vedi di seguito.

[44] MAYER Ì OLIVÉ, *Los Scaevolas* cit., § 1: «Nuestro trabajo en consecuencia se adentra en los textos de Cicerón para intentar ver quién pudo ser el *Scaevola* al que se podría relacionar con mayor facilidad con el conjunto pictórico conservado, si tal atribución se pudiera comprobar».

[45] *Perniciosissima curiositas* è definita da Aug., *Ciu. dei* III 9, quella di Numa Pompilio (*si licet parua componere magnis*): R. LAURENDI, *Le Leggi di Numa e la Ninfa Egeria: la manipolazione della tradizione pagana in S. Agostino*, «Κοινωνία» XLIV (2020) 1, p. 834 s.

CCLVI LIB. IIII.

IN CORDE PVRO VIS SITA PRVDENTIÆ.

Symb. CXXII.

LIB. IIII. CCLVII

SEBASTIANO CORRADO.

Symb. CXXII.

Cor fons venarum: illinc semita spirituum: illud
Sensibus, & vitæ creditur esse caput.
Quin si animus Deus est, animus cor, cor Deus ergo est.
Mens quoq; sub puro corde profunda manet.
Hinc cordatus homo: hinc laudauit corculum, honesto
Nomine, Nasicam martia Roma suum.
Olim adeo Hetruscis summa obseruantia, summa
Relligio fuerat cordis haruspicibus.
Corde silente etenim, vel deficiente, minacis
Omnia fortunæ plena fuere malis.
Sed raptum à coruo Hermocrati dis forte litanti,
Cor felix quondam fecerat auspicium.
Casto, atq; integro, mihi crede, litatio corde
Nulla potest summo gratior esse Deo.
Auspicijs Academiæ Corrade secundis
Hocce tibi nomen cælitus impositum.
Excors nostra, tuo sine corde, futura iuuentus,
Ipsa tuum concors expetit auxilum.
Huic fons consilij, huic viuendi semita rectè,
Huic tu diuini numinis instar eris.

Fig. 17. Ritratto di Sebastiano Corradi *apud* ACHILLE BOCCHI, *Symbolicarum quaestionum de universo genere quas serio ludebat libri quinque*, Bononiae MDLXXIV.

emendare il tràdito *P.f.* in *Brutus* 306 era stato genialmente impostato e correttamente risolto dal filologo ed umanista reggiano Sebastiano Corradi (*Sebastianus Corradus*) nel 1552[46].

Dopo la pretesa confutazione che sul punto in discussione ne scrisse Fabricius[47], Corradus cadde nel dimenticatoio: pertanto le sue argomentazioni non sono citate nella letteratura contemporanea, malgrado coincidano in cospicua parte con quelle degli Autori moderni sopra menzionati, dei quali l'umanista va considerato precursore. Per guardarlo in faccia, mi son preso anche la briga di rintracciare i soli tre ritratti di Corradus, docente universitario a Reggio Emilia, a Padova e a Bologna, commentatore di Cicerone e dei classici di grande statura per acribia filologica e capacità di esegesi storica, e qui li presento in omaggio alla comunità antichistica[48]. Invero Corradus accenna genericamente a un precedente emendamento testuale – in *Q.f.* – del *P.f.* tràdito in *Brutus* 306, emendamento che potrebbe essere perfino più risalente delle opere a stampa e che comunque non ho potuto ricercare né approfondire per la generale chiusura, a causa della pandemia virale, delle biblioteche dove avrei dovuto condurre la ricerca[49]. Basti per ora, in attesa di tempi migliori, il recupero di un Autore antesignano della moderna critica storica e filologica.

---

[46] Su Corradi G. TIRABOSCHI, *Biblioteca Modenese*, II, Modena 1782, pp. 74-86; F. RE, *Elogio di Sebastiano Corradi*, Milano 1820; A. MERCATI, *Notizia su Sebastiano Corradi e una sua lettera al Bembo*, in ID., *Saggi di storia e letteratura*, I, Roma 1951, pp. 361-363; M.E. COSENZA, *Biographical and bibliographical dictionary of the Italian humanists and of the world of classical scholarship in Italy (1300-1800)*, II, Boston 1963, pp. 1109-1110; F.R. DE ANGELIS, *Sebastiano Corradi*, in *Dizionario Biografico degli Italiani*, XXIX, Roma 1983, pp. 322-323; G. AGOSTI, *Un documento trascurato: la dedica del* Brutus *dell'umanista Sebastiano Corradi d'Arceto al compaesano vescovo Sebastiano Pighini*, Reggio Emilia 1987.

[47] Vedi sotto, nota 53. Peraltro, come si usava nel Rinascimento, Fabricius non indica le opere di Corradus.

[48] Mentre essi sono certo un po' più noti agli storici dell'arte del Cinquecento: C. MOMBEIG GOGUEL, *Profilo d'uomo con il busto girato verso sinistra: Sebastiano Corradi*, in S. BÉGUIN – F. PICCINNINI (cur.), *Nicolò Dell'Abate. Storie dipinte nella pittura del Cinquecento fra Modena e Fontainebleau*, Milano 2005, pp. 345-346 nr. 127; S. BÉGUIN, *Sebastiano Corradi inginocchiato davanti a un altare, il suo blasone in cielo e la città di Bologna sullo sfondo*, *ibidem*, p. 346 nr. 128, con altra bibliografia in entrambi i casi (in particolare a n. 44).

[49] Ringrazio in particolare i colleghi Proff. Marina Evangelisti, Rossella Laurendi, Francesca Martorano e Ivano Puntoriero, delle Università rispettivamente di Modena, Genova, *Mediterranea* di Reggio Calabria e Bologna, per avermi riprodotto i testi che mi servivano, anche dalle loro biblioteche private, nel periodo di chiusura pandemica delle strutture di ricerca.

Fig. 18. Corradi nel dis. di Francesco Mazzola, 'Il Parmigianino', 1550 ca.

3.2.2. *Sebastiano Corradi (1552).*

Come ho accennato, il primo a occuparsi del problema di riconoscere chi fosse il Q. Mucio Scevola di *Brutus* 306 fu non Fabricius, ma Corradi nel suo *Commentarius* del 1552[50]: questi tuttavia vi confuta, pur senza nominarli, quanti prima di lui opinavano che nell'orazione *pro Roscio Amerino* – dove si dice che Q. Scevola rimase ferito – si trattasse dell'Augure, Mucio figlio di Quinto. Corradi invece non aveva dubbi che quegli fosse il Pontefice, molto più giovane dell'Augure e che – argomenta – poteva aver partecipato al funerale di Mario restandovi ferito e successivamente essere anche guarito, sì da sopravvivere a quello stesso Fimbria che s'era fatto carico di ferirlo. L'Augure, invece, era talmente vecchio a quell'epoca e così debilitato – prosegue Corradi con logica deduttiva – che non può credersi sia stato presente al funerale, tant'è che nel *Laelius* Cicerone aveva scelto di non rappresentarlo, nella seconda giornata, fra gli interlocutori del colloquio sulla retorica, preparato molto prima, come scrive ad Attico nel IV libro. Non sfuggì dunque all'acume di Corradi che fu Cicerone stesso – ispirandosi a Platone, il quale aveva evitato di rappresentare Socrate a discutere più di quanto sembrasse plausibile per la sua tarda età – a spiegare d'aver seguìto quel modello dialogico nel limitare la presenza di Scevola l'Augure nel *Laelius* per l'avanzata vecchiaia e le precarie condizioni di salute, oltre che per l'alta carica rivestita a Roma, il che avrebbe inficiato la verosimiglianza nel farlo soggiornare a lungo a Tusculo nella villa di Crasso, luogo d'ambientazione letteraria degli incontri[51].

---

[50] SEBASTIANI CORRADI, *Commentarius in quo M. T. Ciceronis de claris oratoribus liber, qui dicitur Brutus, & loci pene innumerabiles quum aliorum scriptorum, tum Ciceronis ipsius explicantur*, Florentiae MDLII p. 188 (vedi anche p. 431): «Sunt, qui putent hunc [*Q. Mucium Augurem*] in oratione pro Roſcio Amerino ſignificari, vbi Q. Scæuola dicitur eſſe vulneratus. Verum enimuero Pontificem nos eum credimus fuiſſe, qui multo fuit junior, & in funere Marii potuit vulnerari, & poſtea ſic etiam ſanari, vt Fimbriæ ipſi, qui Scæuolam vulnerandum curarat, ſuper, uixerit. Hic vero ſic erat ſenex illis temporibus, & ita debilis, vt credendum non ſit, eum funeri interfuiſſe, quem Cicero ne ſermoni quidem de arte Rhetorica multo prius inſtituto ſecundo die intereſſe voluerit, vt ipſe libro quarto ad Atticum ſcribit. Tunc igitur ille, vt par eſt credere, ſe domi continebat: vel ſi domo exibat, vel leuiſsimo vulnere concidiſſet, quum ita ſenex, & ita affectus eſſet. Quin ante, quàm Marius efferretur, videtur obiiſſe: quod ita colliges: Cicero mortuo Augure, ſe ad Pontificem contulit, vt ait in Laelio, atque id ipſum ante L. Syllam primum Conſulem, vt infra dicetur. Scæuola igitur Augur ante primum Syllæ Conſulatum eſt mortuus: at Marius poſt id tempus ſepties Conſul fuit».

[51] *Ad Att.* IV 16.3 (1.07.54): *Quod in iis libris quos laudas personam desideras Scaeuolae, non eam temere dimoui, sed feci idem quod in πολιτείᾳ deus ille noster Plato cum in Piraeum Socrates uenisset ad Cephalum, locupletem et festiuum senem, quoad primus ille sermo habe*[*re*]*tur, adest in disputando senex; deinde, cum ipse quoque commodissime locutus esset, ad rem diuinam dicit se uelle discedere neque postea reuertitur. credo Platonem uix putasse satis consonum fore si hominem id aetatis in tam longo sermone diutius retinuisset. Multo ego magis hoc mihi cauendum putaui in Scaeuola, qui et aetate et ualetudine erat ea qua esse meministi et iis honoribus ut uix satis decorum uideretur eum pluris dies esse in Crassi Tusculano. Et erat primi libri sermo non alienus a Scaeuolae studiis; reliqui libri τεχνολογίαν habent, ut scis; huic ioculatorem senem illum, ut noras, interesse sane nolui.*

188 SEB. CORRADI COMMENTARIVS

derit, & se in ea re illi comitem fuisse, quum in Africa sub Scipione militarent. NEQVE NIMIS EST INFANS, exiguam enim eloquentiam in Fannio video fuisse, vt ait infra. NEQVE PERFECTE DISERTA, quòd ipse Fannius est durior, vt dictum est, & exilis, vt libro primo de Legibus appellatur. MVCIVS, Q. Mucius Scæuola, qui fuit alter Lælii gener, vt in Lælio scribitur: & L. Licinii Crassi oratoris socer, vt libro primo de Oratore cognoscitur: vbi testatur ipse se Panætium audiuisse, & quædam, quæ ab eo acceperat, ea, quum Prætor Rhodum venisset, cum Apollonio contulisse. Fuit hic Consul cum L. Cæcilio Metello an. ab V.C. sexcentesimo trigesimo septimo: vnde Cicero in oratione pro Rabirio inter Consulares illum ponit, quũ scribit, illum confectum senectute, præpeditum morbo, mancum, & membris omnibus captum, ac debilem, hastili nixum, & animi vim, & infirmitatem corporis ostendisse: quod idem propemodum Philippica octaua refert: vt facile intelligi possit, quare libro primo de Oratore ita dicat ipse: id meis pedibus certe concedi est æquius: & in eodem libro Crassus eius valetudinẽ infirmissimam vocet. Huic, vt in eodem libro dicitur, Lucilius poëta subiratus fuit vsque adeo, vt eum in satyris sit insectatus: quare Persius illud dixit: secuit Lucilius vrbem, te Lupe, te Muci, & genuinum fregit in illis. Sunt, qui putent hunc in oratione pro Roscio Amerino significari, vbi Q. Scæuola dicitur esse vulneratus. Verum enimuero Pontificem nos eum credimus fuisse, qui multo fuit iunior, & in funere Marii potuit vulnerari, & postea sic etiam sanari, vt Fimbriæ ipsi, qui Scæuolam vulnerandum curarat, superuixerit. Hic vero sic erat senex illis temporibus, & ita debilis, vt credendum non sit, eum funeri interfuisse, quem Cicero ne sermoni quidem de arte Rhetorica multo prius instituto secundo die interesse voluerit, vt ipse libro quarto ad Atticum scribit. Tunc igitur ille, vt par est credere, se domi continebat: vel si domo exibat, vel leuissimo vulnere concidisset, quum ita senex, & ita affectus esset. Quin ante, quàm Marius efferretur, videtur obiisse: quod ita colliges: Cicero mortuo Augure, se ad Pontificem contulit, vt ait in Lælio, atque id ipsum ante L. Syllam primum Consulem, vt infra dicetur. Scæuola igitur Augur ante primum Syllæ Consulatum est mortuus: at Marius post id tempus septies Consul fuit. Quid quòd Plutarchus hunc Marii socerum sic appellat, ὁ μάριος τὸν μὲν υἱὸν ἔπεμψε ἐκ τοῦ μουκίου τοῦ πενθεροῦ χωρίου; Hic certe Marii fuit ita studiosus, vt, quod Valerius Maximus libro tertio capite octauo scribit, nunquam à Sylla induci potuerit, vt illum hostem iudicaret. Itaque verisimile non est hominem Marianæ factionis à Fimbria Mariano fuisse vulneratum: quod credi de Scæuola Pontifice potest, qui postea etiam vt Syllanus, & optimatium studiosus est interfectus, vt libro octuagesimo sexto Liuius ostendit, & nos infra dicemus. Illud accedit, quod quum dubiũ esse potest, vtrum ex his duobus Scæuolis significet, Cicero ferè semper ita distinguit, vt hunc Augurem, illum Pontificem, vel Publii filium, vt infra dicemus, appellet: quod & in illa oratione fecisset, si quid modo ea de re dubitari posse credidisset, præsertim quum illa verba adderet: hoc populus Romanus nihil vidit indignius, nisi eiusdem viri mortem, quæ tantum potuit, vt omnes ciues suos perdiderit, & afflixerit: quos quia seruare per compositionem volebat, ipse ab his interemptus est. AVGVR, in Augurum collegium à C. Lælio, vt dictum est cooptatus: vnde quasi cognomento solet Augur à Cicerone frequenter appellari, vt in oratione pro Cornelio Balbo, & in Lælio, Q. Mucius Augur Scæuola, vel, vt alii volunt, Q. Mucius Scæuola Augur, quanquàm à multis Augur, vel Scæuola tollitur: Ad eum certe Cicero sic à patre deductus erat, vt quoad posset, & liceret, à senis latere nũquam discederet,

IN M. T. CICER. BRVTVM. 431

ipsam, quam legissem, verbis aliis quàm maxime possem lectis pronunciarẽ: deinde secutus sum, quod magis placuit, vt summorum oratorum Græcas orationes explicarem, libro primo de Oratore. Quamuis enim Crassus id se dicat fecisse, nos tamen Ciceroni tribuimus, quod ne Quintilianus quidem libro decimo negat. TAMEN, quamuis audirem, scriberem, legerem, & commentarer, tamen his exercitationibus, quæ sunt oratoriæ, vt dictum est, non eram contentus, sed ad alia etiam studia vt Philosophiæ me transferebam. aliter tantum, vt sit sensus: non eram contentus tantum exercitationibus oratoriis, vt declamationibus, sed audiebam etiam, scribebam, legebam, & commentabar. Quamuis enim hæc possit, & debeat facere orator, illius tamen exercitatio est magis propria declamatio. CONSEQVENTE ANNO, Cn. Pompeio Strabone, L. Porcio Catone Coss. Q. VARIVS, supra. SVA LEGE, lege Varia de maiestate, vt ait Asconius. DAMNATVS, vt supra retulimus. IVRIS CIVILIS, cuius tantum scire volui, quantum satis esset oratori, supra. DABAM, quum tu quoque Attice ad Scæuolam ventitares, libro primo de Legibus: & quidem Scæuola Augure mortuo, in Lælio: Quòd si mortuus erat ante Syllam Consulem, vt hic apparet, in funere Marii certe non potuit vulnerari, vt supra pluribus ostendimus. Q. SCAEVOLAE P. F. qui collega fuit L. Crassi, supra, ad quem Augure mortuo, me contuli, in Lælio. DOCEBAT, vt fieri solet. HVIC ANNO, Cn. Pompeio Strabone, L. Porcio Catone Coss. id est anno tertio postquam in forum venimus, supra. PROXIMVS, proximus annus, qui fuit quartus, ex quo Cicero in forum venit. SYLLA CONSVLE, ET POMPEIO, L. Cornelio Sylla, Q. Pompeio Rufo Coss. an. ab V. C. sexcentesimo sexagesimo sexto. & ita videtur locutus, vt ita separans, significaret, Q. Pompeium Consulem interfectum fuisse, vt supra ex Liuii libro septuagesimo septimo retulimus. aliam vero supra rationem diximus, cur eodem modo Cæpionem, & Lælium separauit. TVM, Sylla, & Pompeio Coss. P. SVLPICII, supra. CONCIONANTIS, vt leges suas perferret, vt Liuius libro septuagesimo septimo scripsit. TOTVM, vehemens, graue, in quo qui bene versatur, is etiam, vt Demosthenes, potest summisse dicere, vt ait in libello de Optimo genere oratorum. Sulpicius vero grandis erat, & penè tragicus orator, supra. Itaque qui genus eius dicendi cognorat, is totum dicendi genus cognoscere dici poterat: quanquam Cicero prius alios audierat fortasse attenuatos, aut mediocres, sed quum Sulpicium grandem etiam audiuit, tunc totum dicendi genus cognouit, quamuis dicat, se genus totum dicendi Sulpicii ipsius cognouisse. EODEMQVE TEMPORE, Sylla, & Pompeio Coss. PRINCEPS ACADEMIAE, sic, vt Philone viuo, patrocinium Academiæ non defuerit, libro secundo Academicarum quæstionum. PHILO, quem L. Crassus in Academia maxime vigere audiebat, vt ait libro tertio de Oratore. MITHRIDATICO BELLO, quod prius quidem cœptum fuerat, sed Sylla, & Pompeio Consulibus tamen occupatæ populi Romani prouinciæ, vt Liuius libro septuagesimo septimo scripsit. DOMO, Athenis, quas Archelaus Mithridatis præfectus illis temporibus occupauit, vt Liuius libro septuagesimo octauo retulit. ROMAMQVE VENISSET, vbi P. & C. Selii, & Tetrilius Rogus illum audiuerunt, libro secundo Academicarum quæstionum. EI, Philoni, de quo loquimur. TRADIDI, & eum frequenter audiui, Tuscul. secunda. CONCITATVS, aliter incitatus. IN QVO HOC ETIAM, quòd ratio iudiciorum esse in perpetuum sublata videbatur ita, vt eloquentia exerceri amplius non posset, & ob id opera Philosophiæ danda potius videretur. VARIE-

Fig. 19. Pagine 188 e 431 del *Commentarius* del 1552, nelle quali Corradi difende la tradizione codicologica *P.f.* in *Brutus* 306.

SEBASTIANI
CORRADI COMMEN
TARIVS, IN QVO
M. T. Ciceronis de Claris Oratoribus
liber, qui dicitur Brutus, & loci penè
innumerabiles quum aliorum
ſcriptorum, tum Ciceronis
ipſius explicantur.

Florentiæ apud Laurentium Torrentinum Ducalem
Typographum M D L I I. Cum Priuilegio.

Fig. 20. Frontespizio del *Commentarius* di Corradi del 1552.

Dopo il cenno all'epistolario ciceroniano, Corradi prosegue dichiarando d'essere pertanto parimenti convinto che all'epoca l'Augure se ne restasse chiuso in casa o che, se ne usciva, gli capitasse di cadere a terra con qualche sia pur lieve ferita, tant'era vecchio e malato. Di conseguenza – conclude – sembra sia morto prima che Mario imperversasse con la sua ferocia; cosa che così si collega al fatto che il giovane Arpinate, dopo la morte dell'Augure, si diede a seguire il Pontefice, come dichiara nel *Laelius*, il che avvenne giusto prima che L. Silla rivestisse il suo primo consolato [88 a.C.], come è detto di seguito dallo stesso Cicerone. Difatti Scevola l'Augure morì precedentemente al primo consolato di Silla e del resto fu dopo quell'epoca che Mario rivestì il suo settimo consolato. Tre anni dopo il *Commentarius*, Corradi ribadì le sue posizioni nella *Quaestura*, edita nel 1555[52].

3.2.3. *Franciscus Fabricius (1554).*

Contro gli argomenti di Corradi così dissertò Fabricius nella *M. Tullii Ciceronis historia per consules descripta*, apparsa a Köln nel 1564 e ristampata con qualche variante nel 1570[53]: è dell'anno 89 a.C. che Cicerone tratta nel *Brutus*, dato che già nel seguente 88 a.C. Q. Vario, condannato in base alla sua stessa legge, era morto; e cita qui l'Arpinate: «Io invece, dato il mio vivo interesse per il diritto civile, mi adoperavo molto a seguire Quinto Scevola figlio di Publio, il quale, benché non si prestasse a insegnare ad alcuno, tuttavia insegnava a quanti desideravano ascoltarlo quando rispondeva a quelli che lo consultavano». Epperò costui – sostiene Fabricius – è Q. Mucio l'Augure, presso il quale Cicerone, quando aveva assunto la toga virile, era stato condotto da suo padre perché, nei limiti del possibile, non si scostasse mai dal fianco del vecchio, come l'Arpinate stesso scrive nel *Laelius*.

---

[52] S. CORRADI, *Quaestura in qua Ciceronis vita refertur*, Bononiae MDLV, pp. 29-30.

[53] FRANCISCI FABRICII Marcodurani, *M. Tullii Ciceronis Historia per consules descripta & in annos LXIV distincta*, Coloniae MDLXIV, pp. 42 = Coloniae MDLXX, p. 30, sub a.U.c. anno 664 (ho aggiunto i segni diacritici in relazione alle varianti di testo della seconda edizione): «De eodem [hoc] anno Cicero in Bruto, iam conſequente anno Q. Varius ſua lege damnatus exceſserat. ego autem iuris ciuilis ſtudio multum operæ dabam Q. Scæuulæ P.F. qui quanquam nemini ſe ad docendum dabat, tamen conſulentibus reſpondendo ſtudioſos audiendi dicebat. Atque hic eſt Q. Mucius Augur, ad quem ſumpta virili toga Cicero a patre ita erat deductus, vt quoad poſſet, & liceret, a ſenis latere nunquam diſcederet; quod ipſe in Lælio ſcribit. Sed cum Q. Scæuula Augur, qui cum L. Metello Conſul fuit anno vrbis DCXXXVI. in monumentis antiquis Q.F. dicatur, videndum, an patris prænomen in Ciceronis libris ſit deprauatum. Nam Scæuulam Pontificem, quem Corradus & alii viri docti ſignificari putant, intelligi non poſse, inde conſtat, quòd Cicero ſe ad Pontificem, non niſi Augure mortuo contulit. Augur autem non ſolum hoc, verumetiam ſequente anno {adhuc} ſuperſtes fuit, ac tum Ciceroni ſermonem Lælii de amicitia expoſuit, ut a Lælio M. Tullii perſpicuum eſt».

Ma poiché Q. Scevola Augure, console insieme a Metello nel 636 della fondazione di Roma [117 a.C.], nelle testimonianze antiche è detto figlio di Quinto, bisogna vedere – sostiene Fabricius – se nei libri di Cicerone il *praenomen* del padre non sia corrotto: infatti – stando a lui – non avrebbe senso che quegli fosse Scevola Pontefice, di cui Corradi e altri studiosi ritengono trattarsi, perché risulta che Cicerone si recò dal Pontefice soltanto dopo la morte dell'Augure, il quale però era ancor vivo non solo in quell'anno [89 a.C.] ma anche nel successivo [88 a.C.] e fu a quel tempo che espose a Cicerone il discorso di Lelio sull'amicizia, come si capisce dal *Laelius*.

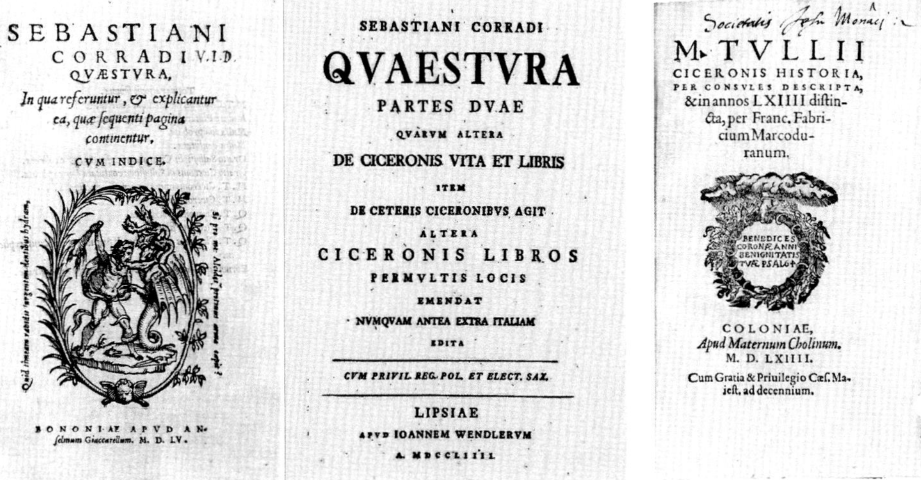
SEBASTIANI CORRADI V.I.D. QVÆSTVRA, *In qua referuntur, & explicantur ea, quæ ſequenti pagina continentur,* CVM INDICE.

BONONIAE APVD ANſelmum Giaccarellum. M. D. LV.

SEBASTIANI CORRADI QVAESTVRA PARTES DVAE QVARVM ALTERA DE CICERONIS VITA ET LIBRIS ITEM DE CETERIS CICERONIBVS AGIT ALTERA CICERONIS LIBROS PERMVLTIS LOCIS EMENDAT NVMQVAM ANTEA EXTRA ITALIAM EDITA

CVM PRIVIL. REG. POL. ET ELECT. SAX.

LIPSIAE APVD IOANNEM WENDLERVM A. MDCCLIIII.

M. TVLLII CICERONIS HISTORIA, PER CONSVLES DESCRIPTA, & in annos LXIIII diſtincta, per Franc. Fabricium Marcoduranum.

COLONIAE, *Apud Maternum Cholinum.* M. D. LXIIII. Cum Gratia & Priuilegio Cæſ. Maieſt. ad decennium.

Figg. 21-22. Frontespizi della *Quæstura* di Corradi del 1555 e in una riedizione del 1754.
Fig. 23. Frontespizio (a destra) della *Historia* di Fabricius del 1564.

3.2.4. *Friedrich Marx (1894), Enrica Malcovati (1965) ed Ernst Badian (1967).*

Sull'autorità del Fabricius e di tale spiegazione, il suo emendamento *Q.f.* a *Brutus* 306 'tenne banco' per oltre quattro secoli fino all'edizione Teubneriana della Malcovati nel 1965.

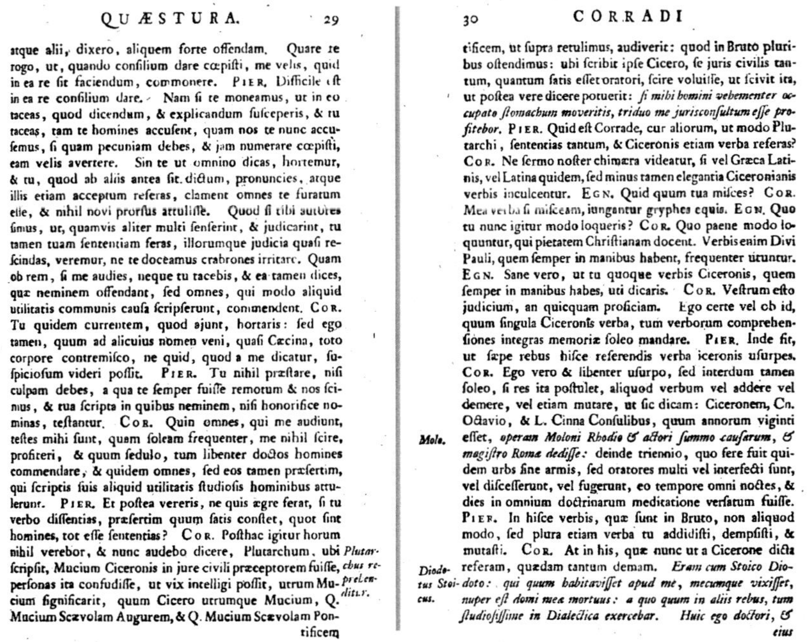

QUÆSTURA. 29

atque alii, dixero, aliquem forte offendam. Quare te rogo, ut, quando conſilium dare cœpiſti, me velis, quid in ea re ſit faciendum, commonere. PIER. Difficile eſt in ea re conſilium dare. Nam ſi te moneamus, ut in eo taceas, quod dicendum, & explicandum ſuſceperis, & tu taceas, tam te homines accuſent, quam nos te nunc accuſemus, ſi quam pecuniam debes, & jam numerare cœpiſti, eam velis avertere. Sin te ut omnino dicas, hortemur, & tu, quod ab aliis antea ſit dictum, pronuncies, atque illis etiam acceptum referas, clament omnes te furatum eſſe, & nihil novi prorſus attuliſſe. Quod ſi tibi auctores ſimus, ut, quamvis aliter multi ſenſerint, & judicarint, tu tamen tuam ſententiam feras, illorumque judicia quaſi reſcindas, veremur, ne te doceamus crabrones irritare. Quam ob rem, ſi me audies, neque tu tacebis, & ea tamen dices, quæ neminem offendant, ſed omnes, qui modo aliquid utilitatis communis cauſa ſcripſerunt, commendent. COR. Tu quidem currentem, quod ajunt, hortaris: ſed ego tamen, quum ad alicuius nomen veni, quaſi Cæcina, toto corpore contremiſco, ne quid, quod a me dicatur, ſuſpicioſum videri poſſit. PIER. Tu nihil præſtare, niſi culpam debes, a qua te ſemper fuiſſe remotum & nos ſcimus, & tua ſcripta in quibus neminem, niſi honorifice nominas, teſtantur. COR. Quin omnes, qui me audiunt, teſtes mihi ſunt, quam ſoleam frequenter, me nihil ſcire, profiteri, & quum ſedulo, tum libenter doctos homines commendare, & quidem omnes, ſed eos tamen præſertim, qui ſcriptis ſuis aliquid utilitatis ſtudioſis hominibus attulerunt. PIER. Et poſtea vereris, ne quis ægre ferat, ſi tu verbo diſſentias, præſertim quum ſatis conſtet, quot ſint homines, tot eſſe ſententias? COR. Poſthac igitur horum nihil verebor, & nunc audebo dicere, Plutarchum, ubi ſcripſit, Mucium Ciceronis in jure civili præceptorem fuiſſe, perſonas ita confudiſſe, ut vix intelligi poſſit, utrum Mucium ſignificarit, quum Cicero utrumque Mucium, Q. Mucium Scævolam Augurem, & Q. Mucium Scævolam Pontificem *Plutarchus reprehenditur.*

30 CORRADI

tificem, ut ſupra retulimus, audiverit: quod in Bruto pluribus oſtendimus: ubi ſcribit ipſe Cicero, ſe juris civilis tantum, quantum ſatis eſſet oratori, ſcire voluiſſe, ut ſcivit ita, ut poſtea vere dicere potuerit: *ſi mihi homini vehementer occupato ſtomachum moveritis, triduo me juriſconſultum eſſe profitebor.* PIER. Quid eſt Corrade, cur aliorum, ut modo Plutarchi, ſententias tantum, & Ciceronis etiam verba referas? COR. Ne ſermo noſter chimæra videatur, ſi vel Græca Latinis, vel Latina quidem, ſed minus tamen elegantia Ciceronianis verbis inculcentur. EGN. Quid quum tua miſces? COR. Mea verba ſi miſceam, jungantur gryphes equis. EGN. Quo tu nunc igitur modo loqueris? COR. Quo paene modo loquuntur, qui pietatem Chriſtianam docent. Verbis enim Divi Pauli, quem ſemper in manibus habent, frequenter utuntur. EGN. Sane vero, ut tu quoque verbis Ciceronis, quem ſemper in manibus habes, uti dicaris. COR. Veſtrum eſto judicium, an quicquam proficiam. Ego certe vel ob id, quum ſingula Ciceronis verba, tum verborum comprehenſiones integras memoriæ ſoleo mandare. PIER. Inde fit, ut ſæpe rebus hiſce referendis verba Ciceronis uſurpes. COR. Ego vero & libenter uſurpo, ſed interdum tamen ſoleo, ſi res ita poſtulet, aliquod verbum vel addere vel demere, vel etiam mutare, ut ſic dicam: Ciceronem, Cn. Octavio, & L. Cinna Conſulibus, quum annorum viginti eſſet, *operam Moloni Rhodio & actori ſummo cauſarum, & magiſtro Romæ dediſſe:* deinde triennio, quo fere fuit quidem urbs ſine armis, ſed oratores multi vel interfecti ſunt, vel diſceſſerunt, vel fugerunt, eo tempore omni noctes, & dies in omnium doctrinarum meditatione verſatum fuiſſe. PIER. In hiſce verbis, quæ ſunt in Bruto, non aliquod modo, ſed plura etiam verba tu addidiſti, dempſiſti, & mutaſti. COR. At in his, quæ nunc ut a Cicerone dicta referam, quædam tantum demam. *Eram cum Stoico Diodoto: qui quum habitaviſſet apud me, mecumque vixiſſet, nuper eſt domi meæ mortuus: a quo quum in aliis rebus, tum ſtudioſiſſime in Dialectica exercebar. Huic ego doctori, &* *eius*

Molo. *Diodotus Stoicus.*

Fig. 24. *Quæstura de Ciceronis vita*, pp. 29-30, dove Corradi nel 1555 ribadisce la difesa della tradizione codicologica *P.f.* in *Brutus* 306.

Fig. 25. Friedrich Marx (1859-1941).

Tuttavia, già nel 1894 Friedrich Marx, passato quasi inosservato e poi del tutto dimenticato per aver argomentato *extra sedem materiae*, aveva sostenuto che Cicerone, nel comporre il *Brutus*, tramandava che suo docente era stato Q. Mucio figlio di Publio il Pontefice, ucciso da Damasippo, mentre nulla in quella sede aveva detto di Q. Mucio figlio di Quinto l'Augure, patrono e fautore di Mario, il cui nome i moderni editori del *Brutus* avevano imposto, sulla base del raffronto con *Laelius* I.1, commettendo una scorrettezza di metodo nei confronti dell'autorità della tradizione codicologica[54], posizione – questa del Marx – che fu ingiustamente censurata dal Münzer[55] nel 1933.

Benché nell'edizione Teubneriana del *Brutus* ad opera della Malcovati nel 1965[56] Marx non sia citato, l'Autrice tuttavia si trovò a condividerne la posizione metodologica, anche se non sviluppò argomenti storici, limitandosi a una notazione di apparato critico. Le giustificazioni al mantenimento del testo tràdito furono invece argomentate due anni dopo, nella recensione del Badian alla Malcovati[57].

---

[54] F. MARX, *Incerti Auctoris De ratione dicendi ad C. Herennium libri IV*, Lipsiae 1894, p. 79 s.: *Maluit uero Cicero cum Brutum componeret sese appellare Aelii Stilonis discipulum l. s. 56, 207 qui optimatum fautor fuerit acerrimus quam Pisonis qui nobilitatibus partibus alienus erat sicuti 89, 306 Q. Mucium P. f. Pontificem doctorem suum fuisse tradit a Damasippo occisum, tacet de Q. Mucio Q. f. Augure Marii patrono et fautore cuius nomen editores non recte l. s. contra codd. auctoritate posuere collato Laelio 1.1.*

[55] F. MÜNZER, in *RE* XXXI.1 (1933), s.v. *Mucius (23)*, col. 434 (righi 54-56): «verteidigt von Marx, *Auct. ad Herenn.* 79f., kaum mit Recht wegen des Folgenden».

[56] V n. 40. Malcovati nel 1970 ribadì, in *Brutus*[2], la conservazione a § 306 del tràdito *P.f.* nella filiazione di *Q.* [*Mucius*] *Scaeuola*.

[57] E. BADIAN, *Cicero. Scripta quae manserunt omnia. Fasc. 4. Brutus. Ed. E. Malcovati* (Bibliotheca Teubneriana), Leipzig, B.G. Teubner, 1965, pp. xviii + 126. MDN. 13. – *Cicero. Brutus. Ed. A. E. Douglas*, Oxford, Clarendon Press, 1966, pp. lxxii + [104] + 261, «JRS» LVII (1967) 1-2, pp. 228-229: «In 306 Cicero declares that in 89 he studied civil law under *Q. Scaevola P.f.* (thus L). Fabricius corrected to '*Q.f.*'. The note in J-K-K, accepting the emendation, explains that the Augur (*Q.f.*) was still alive in 88 and that Cicero tells us elsewhere that he studied under him until his death (*Lael.* I) and only then transferred to the *Pontifex* (*P.f.*); hence in 89 he must still have been under the *Augur*. Malcovati, rightly unwilling to change the text, is bemused by the 'explanation' into suggesting that Cicero himself was mistaken here. This will not do: Cicero must have known his own teachers. However, why not the *Pontifex* here? Val. Max. iii, 8, 5 (the circumstantial anecdote of his voting against Marius' being outlawed) makes it clear that the *Augur* was still alive in 88; but he is not mentioned again and almost certainly died soon after. But Cicero, in the *Laelius*, is trying to stress his connection with the *Augur*; he was attached to him *quoad possem et liceret*, from the time of his assuming the *toga uirilis*, and he only left him at his death. Now, Cicero probably only assumed the *toga uirilis* at the end of 91 - a fact that is often forgotten by those who press his interpretation of the nineties (*Brut.* 303). Yet in 90 he fought in the Social War (*Phil.* XII, 27) and certainly did not see much of the *Augur*: this fact he also suppresses in the *Laelius*, wanting to stress his personal knowledge of the old man. It is therefore quite legitimate to conclude that Cicero is there not giving us a true autobiography, but one slightly touched up for the occasion, to provide a suitable background to his dialogue. Just as the fact of his absence on military service only emerges elsewhere, so does the fact (which we should equally believe) that by 89 Cicero was attached to the Pontifex rather than to the *Augur*: the latter (born not later than I 6o, and almost certainly earlier) was probably no longer active enough to satisfy Cicero's eagerness to learn. We may take it that in the *Brutus*, having no axe to grind, Cicero has told us the truth. The text should stand and our biography of Cicero be slightly revised in consequence»

Fig. 26. Enrica Malcovati. Fig. 27. Ernst Badian (a Pella nel 1973, da foto di Eugene N. Borza).

In *Brutus* 306, scrive Badian, Cicerone dichiara che nell'89 studiava il *ius ciuile* da *Q. Scaeuola P.f.* (così il *codex* di Lodi) ma Fabricius corresse in *Q.f.* La nota nella revisione di Otto Jahn e Wilhelm Kroll all'edizione del 1908 di Bernhard Kytzler [*Brutus*, Berlin 1962[6], Weidmann], che accetta l'emendamento, spiega che l'*Augur* (*Q.f.*) era ancor vivo nell'88 e che Cicerone afferma altrove (*Lael.* I) di avere studiato presso di lui fino alla sua morte e d'essersi trasferito solo successivamente presso il *Pontifex* (*P.f.*); quindi nell'89 Cicerone doveva trovarsi ancora al séguito dell'Augure. La Malcovati, giustamente riluttante a modificare il testo – annota Badian – è invece sconcertata dalla 'spiegazione' di Fabricius, secondo cui bisognerebbe pensare che in questo punto sia stato lo stesso Cicerone ad avere sbagliato. Questa spiegazione è davvero inaccettabile: Cicerone avrà pur dovuto conoscere i suoi maestri, conclude Badian con logica adamantina. Comunque sia – si chiede Badian, tenuto conto che la paternità indicata è quella del *Pontifex* – per quale ragione qui non si tratterebbe di lui? Val. Max. III 8,5 (dove narra l'aneddoto di circostanza del voto dell'*Augur* contro la posizione illegale di Mario) fa capire chiaramente che il giurista era ancora vivo nell'88, ma poi non se ne trova più menzione e quasi certamente morì di lì a poco. Nel *Laelius*, però, Cicerone cerca di enfatizzare la sua relazione con l'Augure, al quale fu legato – a quanto rappresenta – *quoad possem et liceret* dal momento che assunse la *toga uirilis*, lasciandolo solo alla sua morte. Ora, Cicerone probabilmente ha assunto la *toga uirilis* solo alla fine del 91, un fatto che viene spesso dimenticato da chi forza la sua interpretazione degli anni Novanta (*Brut.* 303). Eppure nel 90 Cicerone combatté nella Guerra Sociale (*Phil.* XII, 27) e di certo – deduce Badian – non deve aver avuto molte occasioni di vedere l'Augure: questo dato di fatto l'Arpinate lo sopprime anche nel *Laelius*, volendo accentuare il suo rapporto di conoscenza personale col vegliardo.

È quindi del tutto lecito concludere che Cicerone ci sta dando un'autobiografia non veritiera, ma leggermente ritoccata per l'occasione, al fine di fornire uno sfondo adeguato al suo dialogo. Come il dato di fatto della sua assenza da Roma a causa del servizio militare viene alla luce solo altrove, così emerge il fatto (cui dovremmo ugualmente credere) che dall'89 Cicerone fosse legato al Pontefice piuttosto che all'Augure: ma in realtà è probabile che quest'ultimo (nato non più tardi del 160, e quasi certamente prima di quella data) non fosse più abbastanza attivo da appagare in Cicerone l'entusiasmo di apprendere.

Possiamo supporre che nel *Brutus*, non avendo uno scopo precostituito come nel *Laelius*, l'Arpinate ci abbia detto invece la verità: dunque il testo tràdito, *P.f.*, dovrebbe essere pienamente valido e di conseguenza la nostra biografia di Cicerone – chiude Badian – dovrebbe essere leggermente rivista.

Fig. 28. Jean-Louis Ferrary.

3.2.5. *Jean-Louis Ferrary (1988, 2018).*

Oltre vent'anni dopo Badian, nel 1988, anche Ferrary riconobbe nel Pontefice Massimo[58] il Q. Mucio Scevola, del quale Ateneo segnala la sobrietà, e vi tornò nel 2018 in uno dei suoi ultimi scritti, sostenendone l'identificazione anche in *Brutus* 306[59].

Scriveva dunque nel 1988 che nei *Deipnosophistai* si ritrovano gli stoici Rutilio e Tuberone fianco a fianco di uno Scevola, che potrebbe essere, anziché l'Augure genero di Lelio, il Pontefice amico di Rutilio, tanto più che la fonte di Ateneo è quasi certamente Posidonio, contemporaneo dei tre: essi sono presentati come i soli dei loro tempi a rispettare i limiti della *lex Fannia* sul lusso nei banchetti, a rifiutare il benché minimo regalo (allusione ai divieti della *lex Cincia*?), e a farne invece di molto generosi agli esponenti della cultura che annoveravano fra i loro amici: tutto ciò in quanto aderivano alla dottrina della Stoà. Inoltre Ferrary osservava acutamente che né Scevola l'Augure né il Pontefice sono indicati come stoici nel *Brutus*, ma che in quell'opera Cicerone sottolinea volentieri la mancanza di eloquenza degli Stoici e che per questa ragione avrà omesso (per non incorrere in contraddizione) di segnalare lo stoicismo del Pontefice, dato che al § 145 lo definisce *iuris peritorum eloquentissimus*, piuttosto che omettere lo stoicismo dell'Augure, in quanto al § 102 non annovera quest'ultimo fra gli oratori (*oratorum in numero non fuit*). Ferrary si pone con acribia l'interrogativo critico se nel *De oratore* Cicerone non abbia enfatizzato i rapporti dell'Augure con Panezio per soddisfare le esigenze di rappresentazione dialogica, visto che in quell'opera l'Augure è posto di fronte a Crasso, portavoce delle pretese dei filosofi. Senza saperlo, qui Ferrary si trova in sintonia con Corradi, il quale aveva evocato gli artifici di verosimiglianza che Cicerone *ad Att.* IV 16 dichiara d'aver usato nel comporre i suoi dialoghi.

Tornando trent'anni dopo sul tema in rapporto al *Brutus*, Ferrary aggiunse che «Cicerone … ha frequentato personalmente Q. Mucio dall'89, ma la sua testimonianza non era neutra, e la nostra dipendenza in tal senso non deve farlo dimenticare. … Questo testo [*Brutus* 306] sembra contraddetto da *Laelius* I.1, in cui Cicerone dichiara di aver frequentato Scevola il Pontefice solo dopo la morte di Scevola l'Augure, cosicché, secondo Fr. Fabricius, 1563, *sub a.u.c.* 664, si è spesso corretto *P.f.* in *Q.f.* nel *Brutus*. Ma il testo di *Laelius* esagera probabilmente la conoscenza che Cicerone avrebbe avuto dell'Augure per rendere più verosimile la finzione di una trasmissione orale del dialogo, mentre il *Brutus* fornisce informazioni più esatte sui rapporti tra il giovane Cicerone e i due Muci».

[58] FERRARY, *Philhellénisme* cit. a n. 37, p. 599 e n. 44, ristampato nel 2014.

[59] FERRARY, *Introduzione a Quinto Mucio* cit. a n. 36, p. 3 e n. 1 (testo qui a fine pagina); e aggiunge in apparato critico *ibidem*, p. 83 sub T 44: «P. f. *codd.*: Q. f. *frustra correxerunt Fran. Fabricius et editores post eum*», rinviando a Badian e alla *editio Teubneriana altera*.

3.2.6. *Marc Mayer i Olivé (2021).*

In questo stesso volume Marc Mayer i Olivé osserva che l'identificazione con il Pontefice, da parte di Ferrary, del Q. Mucio Scevola citato in *Brutus* 306 e nei *Δειπνοσοφισταί* ha condizionato gli studi successivi, ma che invero nulla vieta in assoluto di riconoscere nell'Augure il personaggio menzionato in Ateneo[60].

Preso atto che non esistono fattori dirimenti per riconoscere con piena certezza l'uno o l'altro dei due omonimi nelle fonti, Mayer – fondandosi sulla mia esegesi del *memorandum sumptuarium* alla luce del rispetto della *lex Fannia* c.d. *cibaria* citata da Ateneo per un Q. Mucio Scevola, per Elio Tiberone e per Rutilio Rufo – riconosce anche lui in Posidonio, morto nel 51 a.C., la fonte di Ateneo, proponendo tuttavia in possibile alternativa una supposta perduta biografia, corredata da aneddoti probabilmente per il suo carattere scolastico, che spiegherebbe bene le osservazioni critiche e il moralismo dello Storico di Naucrati sul tema della frugalità.

Su queste basi lo Studioso catalano si pone dunque il problema dell'intenzionalità e della comprensione della rappresentazione pittorica includendente il *memorandum sumptuarium* e i documenti scrittorii con nomi di giuristi o *tituli* di personaggi attorno al 40 a.C.[61]: a tal fine rivolge nuovamente la sua attenzione a Cicerone per capire la concezione che ha presieduto alla strutturazione del programma pittorico[62].

---

[60] MAYER, *Los Scaevolae* cit. a n. 8 § 2 e n. 8: «Cicerón ya había puesto de manifiesto en el *Brutus*, la influencia del estoicismo en los tres personajes mencionados en el texto de Ateneo. La identificación del *Scaevola* aludido que hizo J.-L. Ferrary para este pasaje ha tenido especial trascendencia en los estudios posteriores; este estudioso parece decantarse por el Pontífice y pone de relieve además la influencia de Panecio sobre el otro posible candidato: el Augur. La consideración de este filosofo como maestro del Augur muy probablemente haya sido exagerada por Cicerón, en el *De oratore* 1, 10, 43; 1, 11, 45 y 1, 17, 75, ya que Cicerón es a su vez, como él mismo reconoce, discípulo del Augur y sería por ello discípulo indirecto de Panecio. … Nada impide sin embargo ver en el Augur el personaje mencionado por Ateneo, como por otra parte ya se ha hecho razonadamente»; ricorda che A. RIMEDIO, *Ateneo. Deipnosofisti. I dotti a banchetto*, II. *Libri VI-XI*, Roma 2001, p. 650 n. 4, e A. BOTTIGLIERI, *La legislazione sul lusso nella Roma republicana*, Napoli 2002 p. 141, vi riconoscono l'Augure, mentre G. ZECCHINI, *La cultura storica di Ateneo*, Milano 1989, pp. 241-242 e n. 20 propende per *P. Mucius Scaeuola* padre di Quinto e *Pont. Max.* dal 130 fino alla morte (circa 115 a.C.); non prende posizione fra Augure e Pontefice M. COUDRY, *Lois somptuaires et comportement économique des élites de la Rome républicaine*, «MEFRA» CXXVIII (2016) 1, p. 49 n. 9.

[61] MAYER, *Los Scaevolae* cit. a n. 8 § 3 e n. 28: «Recordemos tan sólo que la posible reconstrucción del contexto, si se basara únicamente en el texto de Ateneo, sería la realizada en la segunda mitad del s. II d.C. a una distancia considerable de los hechos y en el ámbito de un libro altamente especializado en la descripción y, diríamos, estudio del simposio o banquete. … Debemos, por consiguiente, considerar para dar fiabilidad a la fuente, tanto en el caso de la de Ateneo como la que inspira este conjunto pictórico, que ésta no debió ser otra que Posidonio de Apamea, muerto en el 51 a.C., que recuerda Ateneo, o bien una biografía, posiblemente de carácter escolar, con el consiguiente anecdotario, lo cual podría justificar también los ribetes críticos y moralizantes de la narración de Ateneo. … intentaremos por nuestra parte precisar tan sólo la posible intencionalidad de su representación [del dittico con la formula di Mucio Scevola], junto con el papiro o *membrana* ya mencionado y los *tituli* que identifican personajes, para intentar entender las razones que pudieron llevar a una composición de este tipo en la cronología hasta ahora aceptada».

[62] MAYER, *Los Scaevolae* cit. a n. 8, § 3 e n. 31-32: «En nuestra opinión deberemos volver nuestros ojos de nuevo hacia Cicerón para comprender el pensamiento que parece estructurar el conjunto ... Veamos en primer lugar los datos principales que poseemos a partir de la figuración pictórica: a) la representación de una *tabula* con la indicación *formula Mucci Scaevolae*; b) la representación de un papiro o membrana con una lista de productos, que parece responder a los criterios expuestos en la *lex Fannia*; c) la representación de una *tabula cerata* con el texto *P. Rut*[integrado convincentemente como referido a *P. Rutilius Rufus* por F. Costabile».

Egli giunge così a riconoscere connessioni, che gli consentono di ricomporre in un quadro organico i *disiecta membra* degli affreschi: 1) il dittico con la formula di Mucio Scevola; 2) la pergamena con una lista di alimenti, che sembra rispondere ai requisiti richiesti dalla *lex Fannia*; 3) la *tabula cerata* col testo *P. Rut*[--- da integrare in riferimento a *P. Rutilius Rufus*.

A questo punto del suo percorso, Mayer collega due di questi elementi, Scevola e Rutilio, al *De oratore* di Cicerone e ai *Δειπνοσοφισταί* di Ateneo, con il quale – osserva l'Autore – alla luce dell'austerità della tavola romana, trova spiegazione il terzo elemento, l'elenco alimentare della pergamena srotolata sulla mensola: Mayer sviluppa conseguenzialmente l'intuizione che il soggetto affescato costituisca in certo modo l'illustrazione degli stessi elementi costitutivi del testo di Ateneo[63] e, ricordando la cronologia del *De oratore* (55 a.C.) e del *Brutus* (46 a.C.), si domanda se l'Arpinate conoscesse una composizione non letteraria di questo genere di contesto pittorico, tanto che dipinto e testo ciceroniano possano attingere alla stessa fonte, ovvero se il programma figurativo s'ispiri a un testo ciceroniano o invece semplicemente alla temperie culturale del momento.

Dando per accertato che la villa appartenne ai *Mucii Scaeuolae*, con i quali il giovane Cicerone realizzò la propria formazione, Mayer ritiene non a torto di poter rispondere che le vicende di quella *gens* possano aver ispirato tanto il programma pittorico quanto il *De oratore*, dove l'Augure svolge un ruolo di primo piano, e ne trova in certo modo conferma in Cic., *De or.* I 45, 200 nella defінzione di *oraculum* dell'intera *ciuitas* per la *domus* del *iuris consultus* Scevola l'Augure, alla porta e nel vestibolo della quale si affollavano non solo i comuni cittadini, ma anche i personaggi più eminenti[64].

---

[63] M. MAYER I OLIVÉ, *Los Scaevolae* cit., § 3 e n. 33: «Por nuestra parte creemos que dos de estos tres elementos Escévola y Rutilio, evocan el *De oratore* ciceroniano y concretamente al contenido implícito de alguno de los pasajes a los que nos hemos referido al inicio de estas páginas, que han sido iluminados a través de la explícita mención de los mismos personajes que parece subyacer en los *Deipnosophistae* de Ateneo, lo cual viene a justificar el tercero de estos elementos: el elenco en el papiro, como reflejo de la austeridad romana. ... El texto de Ateneo mostrando los recursos empleados por cada uno de los tres personajes para mantener los límites de la *lex Fannia* resulta extraordinariamente significativa si queremos ver como ha hecho F. Costabile la evocación de lo dispuesto en la misma por el contenido de la representación de este papiro. ... La representación pictórica, por consiguiente, constituiría en cierta manera la ilustración de los mismos elementos constitutivos del texto de Ateneo de Naucratis».

[64] MAYER I OLIVÉ, *Los Scaevolae* cit., § 3 e nn. 33-34 «Recordemos que el *De oratore* data del año 55 a.C., y que el *Brutus* del 46 a.C., es decir de unas fechas singularmente cercanas a las propuestas para la representación mural, lo que nos podría abrir un panorama mucho más complejo, a la vista del contenido de estos diálogos: el saber si Cicerón conocería una composición no literaria de este tipo y si representación pictórica y texto ciceroniano podrían beber de una misma fuente, o bien, incluso, si la pintura pudiera inspirarse en un texto del Arpinate o simplemente en el contexto cultural y escolar del momento. ... Si diéramos por seguro que las pinturas pertenecen a una villa propiedad familiar de los *Mucii Scaevolae*, la cuestión sería más fácil de responder, ya que la propia formación del Cicerón joven se realiza junto a los *Mucii*, que podrían haber inspirado sea la pintura, sea el texto ciceroniano del *De Oratore* donde precisamente Escévola el Augur tiene un papel destacado y que está dedicado a su hermano Quinto, que se formó también junto a él, como lo hizo también un joven Tito Pomponio Ático, al que se ha supuesto en cambio como seguidor de Epicuro. ... Podríamos además completar nuestro razonamiento sometiendo a consideración un pasaje del propio Cicerón en el *De oratore* que parece compendiar el sentido de cuanto hemos querido tratar y que seguramente responde a las intenciones de la decoración que estamos examinando, así en 1, 45, 200 ...»

Marc Mayer conclude le sue argomentazioni rilevando la sintomaticità del nesso fra Ateneo di Naucrati, il programma figurativo della Villa del Giurista e Cicerone, con Q. Mucio Scevola l'Augure quale protagonista del *De oratore* insieme al grande retore Lucio Licinio Crasso, console nel 95 insieme a Q. Mucio Scevola il Pontefice Massimo[65]. Di conseguenza, l'Augure sembra a Mayer un'alternativa da non escludere, rispetto al Pontefice Massimo, nell'identificazione del Q. Mucio Scevola ricordato dalle fonti esaminate.

Va riconosciuto al Mayer l'acume di aver saputo collegare diversi ordini di testimonianze letterarie e figurative in un quadro di coerente intelligenza storica delle fonti, che apporta un considerevole progresso alle conoscenze sulla Villa suburbana dei *Mucii Scaeuolae* presso le sponde dell'Aniene.

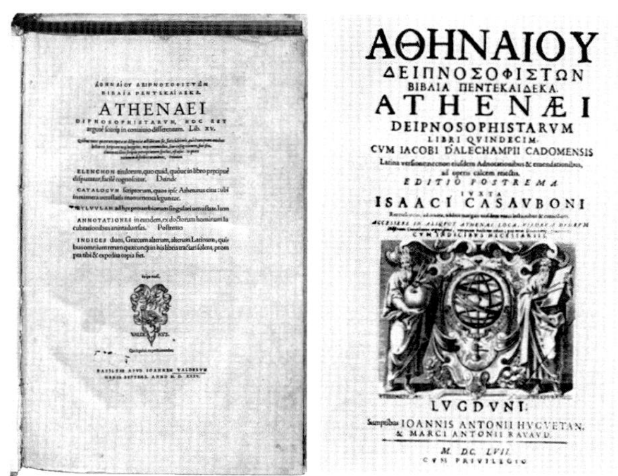

Fig. 29. Frontespizi dei *Deipnosiphistai* di Ateneo di Naucrati nell'edizione di Basilea del 1535 (a sinistra) e di Lione del 1657 (a destra).

Anche il dubbio metodico sulla identificazione dell'Augure o piuttosto del Pontefice Massimo nel Q. Mucio Scevola menzionato da quelle fonti andava posto più approfonditamente di quanto non avessimo fatto Ferrary e io stesso nell'aderire alle sue posizioni.

Ferma resta anche la validità del contesto storico da Marc Mayer i Olivé ricostruito sull'emblematica connessione fra la rappresentazione dei *Mucii Scaeuolae* in Cicerone, in Ateneo di Naucrati – ne sia fonte il filosofo stoico Posidonio di Apamea o una contemporanea biografia usata a fini anche didattici, come da lui ipotizzato – ed il programma pittorico realizzato nella Villa del Giurista, ed anzi, la puntuale datazione, ormai accertata[66], della esecuzione dei raffinati affreschi parietali alla prima metà di gennaio del 40 a.C. avvalora adesso enormemente l'esegesi mayeriana in rapporto alla cronologia delle opere di Cicerone (†43 a.C.) e di Posidonio (†51 a.C.) fonte di Ateneo.

Sul punto, comunque, mi sia consentito riservarmi di ritornare più in là, alla fine dell'esame di tutti gli elementi probanti dell'analisi storica in corso.

---

[65] Vedi in questo stesso volume l'articolo di M. MAYER I OLIVÉ, *Los* Scaevolae *de Cicerón y las pinturas de la denominada 'Villa del Giurista'*, fine § e e nn. 35-36: «No cabe duda que en cierta medida la representación pictórica que comentamos puede parecer un buen ejemplo de la aplicación de esta recomendación. El argumento y la afirmación que se derivan se nos muestran sintomáticamente vinculados por Cicerón con la figura de Quinto Mucio Escévola, el Augur, como protagonista destacado del *De oratore* ciceroniano junto con el gran orador Lucio Licinio Craso, cónsul en el año 95 a.C. con Quinto Mucio Escévola el Pontífice como colega, y también reforzados por la presencia de Marco Antonio el cónsul del 99 a.C.».

[66] Vedi qui stesso, *supra*, § 2.

3.3. Domus *dell'Augure e Villa del Giurista: identificazione nel* Pontifex Maximus *del Q. Mucio Scevola parco nella mensa e nel costruire.*

Da Cicerone, *De oratore* I 45, 200, dove Mayer termina la sua analisi, io vorrei invece prender le mosse: pur condividendone appieno le conclusioni generali sul nesso tra fonti letterarie e programma pittorico, credo tuttavia esistano elementi per escludere sia che Ateneo / Posidonio si riferisse all'Augure, sia di conseguenza che questi sia stato il costruttore della Villa del Giurista sull'Aniene.

La piccola *uilla* agricola, e perciò da presumere suburbana, del Q. Mucio Scevola che le fonti dicono confinante con quella sproporzionatamente grande di L. Licinio Lucullo, sembra essere cosa ben diversa dalla *domus* dell'Augure; della quale abbiamo ben tre testimonianze ciceroniane: la già accennata del *De or.* I 45, 200, l'ancor più dirimente di *Laelius* I 2, e infine quella di *Philip.* VIII 31.

Passiamo dunque in rassegna le descrizioni della casa dell'Augure, per cercare di comprendere se la Villa del Giurista sull'Aniene possa o meno identificarsi con essa.

Cic., *De or.* I 45, 200: *Est enim sine dubio domus iuris consulti totius oraculum ciuitatis; testis est huiusce Q. Muci ianua et uestibulum, quod in eius infirmissima ualetudine adfectaque iam aetate maxima cotidie frequentia ciuium ac summorum hominum splendore celebratur.*

Infatti la casa del giureconsulto è senza dubbio come un oracolo per l'intera città: ne è testimone la porta e il vestibolo di Quinto Mucio, perché – nonostante la sua oltremodo precaria salute, per di più aggravata dall'età molto avanzata – era splendidamente glorificato ogni giorno dalla frequentazione dei cittadini e dei più illustri personaggi.

Cic., *Laelius* I 2: *Cum saepe multa, tum memini domi in hemicyclio sedentem, ut solebat, cum et ego essem una et pauci admodum familiares, in eum sermonem illum incidere qui tum forte multis erat in ore. Meministi enim profecto, Attice, et eo magis, quod P. Sulpicio utebare multum, cum is tribunus plebis capitali odio a Q. Pompeio, qui tum erat consul, dissideret, quocum coniunctissime et amantissime uixerat, quanta esset hominum uel admiratio uel querella.*

[L'Augure] lo rammento spesso in molte circostanze, ma in particolare una volta che a casa sua se ne stava seduto, com'era solito fare, nell'emiciclo, mentre anch'io mi ci trovavo insieme con quei pochi che gli erano davvero intimi, e gli capitò di parlare d'un fatto che proprio allora era sulla bocca di molti. Ti ricorderai certamente, Attico, tu che frequentavi tanto Publio Sulpicio, quale sorpresa o piuttosto quanta delusione vi fu tra la gente quando lui, tribuno della plebe, si staccò per un odio mortale da Quinto Pompeo, che era allora console [88 a.C.] e con il quale era vissuto in rapporti di stretta familiarità e di grandissimo affetto.

Da Cicerone, *De or.* I 45, 200 e *Lael.* I 2 sappiamo dunque che l'abitazione dell'Augure era una *domus* e non una *uilla*, il cui ingresso (*ianua*) dava in un grande *uestibulum* atto a ricevere folle, e che essa aveva all'interno un *hemicyclium*, riservato – al contrario del *uestibulum* – a pochi intimi.

Con il termine *uestibulum* era in età arcaica indicato un ambiente adibito al pubblico ricevimento dei *clientes* e degli estranei, posto in certo modo quasi fuori della *domus*, dinanzi alla porta d'ingresso (*ianua* od *ostium*) che immetteva nelle *fauces*, termine con cui era designato il vano di accesso, per lo più abbastanza ristretto, dal quale si passava all'*atrium*.

Tuttavia in età tardorepubblicana il *uestibulum*, pur restando il sontuoso ambiente di accoglienza degli estranei, era ormai del tutto interno alla *domus*, interposto tra le *fauces* e l'*atrium*[67]. Vitruvio testimonia, e di certo anche per un'età precedente a quella cesariana[68], che solo le case dei personaggi d'alto lignaggio possedevano il vasto vestibolo di rappresentanza, dove si potevano tenere addirittura udienze di processi pubblici e privati e che competeva per dimensioni e solennità con gli ambienti delle stesse basiliche: le case improntate a modestia perché di gente comune e del ceto medio o per scelta di prisca austerità non necessitavano di tali *uestibula* degni d'un sovrano (*regalia*) e si accontentavano delle *fauces*, che da fuori immettevano nell'*atrium*[69].

Solo tenendo conto di ciò possiamo contestualizzare la descrizione di Cicerone sul *uestibulum* pieno di folla dell'Augure, frequentato non solo dalla turba dei comuni cittadini, ma anche dalla moltitudine dei grandi notabili, che non esitavano a restare in rispettosa attesa del vegliardo insieme a tutti gli altri.

---

[67] AE. FORCELLINI, *Lexicon Totius Latinitatis*, IV, Patavii 1805, pp. 966-967, s.v. *vestibulum*; *ibidem*, II, Patavii 1805, pp. 439 s., s.v. *fauces*. R.A. STACCIOLI, in *Enc.ArteAnt.*, II, Roma 1959, s.v. *Casa*, pp. 394-395; E. DE ALBENTIIS, *La tipologia delle abitazioni romane: una visione diacronica*, «AnMurcia» XXIII-XXIV (2007-2008), pp. 31-32.

[68] P. GROS, *Architecture et société à Rome et en Italie centro- méridionale* cit. a n. 20, pp. 81-85; F. COARELLI, *La casa dell'aristocrazia* cit. a n. 20, p. 179 = ID., *Revixit ars* cit. a n. 20, pp. 346: «Il passo di Vitruvio [VI 5,1-2], che sembra far riferimento piuttosto a una situazione tardo-repubblicana (come si verifica spesso in questo autore) presenta notevoli analogie con un testo del de officiis di Cicerone [I 39, 138-140]».

[69] Vitr. V, 1-2: [1] *Cum ad regiones caeli ita ea fuerint disposita, tunc etiam animaduertendum est, quibus rationibus priuatis aedificiis propria loca patribus familiarum et quemadmodum communia cum extraneis aedificari debeant. Namque ex his quae propria sunt, in ea non est potestas omnibus intro eundi nisi inuitatis, quemadmodum sunt cubicula, triclinia, balneae ceteraque, quae easdem habent usus rationes. Communia autem sunt, quibus etiam inuocati suo iure de populo possunt uenire, id est uestibula, caua aedium, peristylia, quaeque eundem habere possunt usum. Igitur is, qui communi sunt fortuna, non necessaria magnifica uestibula nec tabulina neque atria, quod in aliis officia praestant ambiundo neque ab aliis ambiuntur.* [2] *Qui autem fructibus rusticis seruiunt, in eorum uestibulis stabula, tabernae, in aedibus cryptae, horrea, apothecae ceteraque, quae ad fructus seruandos magis quam ad elegantiae decorem possunt esse, ita sunt facienda. Item feneratoribus et publicanis commodiora et speciosiora et ab insidiis tuta, forensibus autem et disertis elegantiora et spatiosiora ad conuentos excipiundos, nobilibus uero, qui honores magistratusque gerundo praestare debent officia ciuibus, faciunda sunt uestibula regalia alta, atria et peristylia amplissima, siluae ambulationesque laxiores ad decorem maiestatis perfectae; praeterea bybliothecas, basilicas non dissimili modo quam publicorum operum magnificentia comparatas, quod in domibus eorum saepius et publica consilia et priuata iudicia arbitriaque conficiuntur.* Rinvio a P. GROS, *Architecture* cit a n. 20, pp. 81-85, e IDEM al commento nelle note 106-128 (pp. 838-839) *ad locum* in: Vitruvio, *De architettura*, II, Torino 1997, pp. 803, 810; E. DE ALBENTIIS, *La casa dei Romani*, Milano 1990, pp. 185 s.; COARELLI, *La casa dell'aristocrazia* cit. a n. 20, pp. 178-187 = ID., *Revixit ars* cit., pp. 344-359.

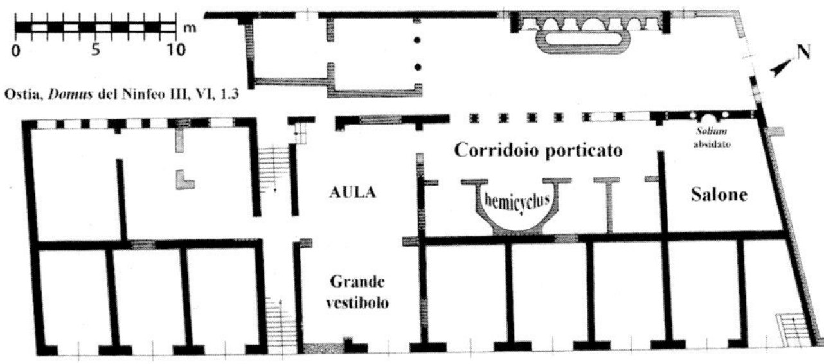

Fig. 30. Ostia, *domus* del Ninfeo III, VI.13: il grande *uestubulum* e l'*hemicyclium* delle *domus* tardo-repubblicane sopravvivono in età tardoantica.

In alternativa al vestibolo si usava l'atrio: quello della *domus* di Scauro, ritenuto il più grande di Roma, misurava 430 mq di superfice ed è stato stimato capace di contenere fino a 2500 *clientes*[70]: anche se questa stima mi sembra eccessiva, e va a mio parere ridotta a 500 o 1000 persone al massimo, siamo su numeri considerevoli. L'atrio della *domus* di Scauro è andato distrutto, ma ne è stato ricostruito l'aspetto da Filippo Coarelli[71]; comunque un'idea dei grandi *uestibula* tardorepubblicani possiamo farcela attraverso la persistenza di questi ambienti nelle *domus* tardoantiche, in un'epoca in cui ormai l'atrio era scomparso e la sua funzione di supplementare accoglienza era talvolta sostituita da un grande ambiente susseguente al pur grandissimo vestibolo (fig. 30). Quando Cicerone, in un altro passo del *De oratore*, dipinge il giurista Manio Manilio *in solio sedens domi*[72], assiso in trono nella sua casa per *respondere* come un oracolo alla folla di cittadini che lo interrogava, sembra sottintendere probabilmente che il soglio si trovasse in quel genere di *uestibulum*, mentre l'*hemicyclium* dell'Augure era riservato ai pochi intimi con i quali si ritirava dentro la *domus*.

Col nome di *hemicyclium* o *hemicyclus* era chiamato nell'architettura romana sia un più o meno grande sedile semicircolare in marmo o in muratura[73], luogo elettivo di conversari, ubicato in un giardino esterno, sia anche l'ambiente stesso che tale sedile racchiudeva, e che in tal caso si trovava dentro la casa: se ne hanno rappresentazioni nelle arti figurative, come nel famoso mosaico pompeiano della cosiddetta 'Accademia platonica'[74] – dove l'*hemicyclium* è esterno, in marmo con zampe ferine (fig. 31) – nonché diversi resti archeologici all'interno di *uillae* e *domus* (figg. 32-33).

---

[70] COARELLI, *La casa* cit. a n. 20, p. 182 = ID., *Revixit ars* p. 352, seguito da DE ALBENTIIS, *La casa dei Romani* cit. a n. 69, p. 186.

[71] Cit. a n. prec., fig. 138.

[72] Cic., *De or.* III 33.133-134: *M'. uero Manilium nos etiam uidimus transuerso ambulantem foro; quod erat insigne eum, qui id faceret, facere ciuibus suis omnibus consili sui copiam; ad quos olim et ita ambulantis et in solio sedentis domi sic adibatur, non solum ut de iure ciuili ad eos, uerum etiam de filia conlocanda, de fundo emendo, de agro colendo, de omni denique aut officio aut negotio referretur.* [134] *Haec fuit P. Crassi illius vuteris, haec Ti. Coruncani, haec proaui generi mei Scipionis prudentissimi hominis sapientia, qui omnes pontifices maximi fuerunt, ut ad eos de omnibus diuinis atque humanis rebus referretur; eidemque in senatu et apud populum et in causis amicorum et domi et militiae consilium suum fidemque praestabant.*

[73] FORCELLINI, *Lexicon Totius Latinitatis* II, Patavii 1805, pp. 646-647 s.vv. *hemicyclium* ed *hemicyclus*. Cfr. Vitr. IX 8; Plin., *Ep.* V, 6.33.

[74] Museo Archeolgico Nazionale di Napoli inv. 124545: il mosaico (86 × 85 cm) fu ritrovato nella Villa di *T. Siminius Stephanus* a Pompei, fuori Porta Vesuvio, ed è copia romana di un mosaico ellenistico del III sec. a.C. A destra dei sette personaggi, abbigliati come filosofi, si scorgono le mura o le rocce dell'Acropoli di Atene, mentre a sinistra vi sono rappresentazioni di genere che potevano accompagnare un emicilo all'aperto: un portale sacro con vasi, un albero, una colonna sormontata da una meridiana.

Diversamente da *exedra*[75], che finì col designare l'ambiente che conteneva la panca curva anche quand'esso fosse rettangolare, *hemicyclium* conservò sempre il significato di semicircolarità: capiamo quindi che nella *domus* dell'Augure esisteva una struttura architettonica semicircolare non 'iscritta' né contenuta in un ambiente rettangolare. È anche significativo che Cicerone precisi come l'emiciclo si trovava in casa – *domi*: dunque non in un giardino esterno, ma al più affacciato sull'atrio o sul peristilio – e che con lui vi sedessero solo pochi intimi, il che fa supporre una struttura non molto grande, come nel caso dei sette sapienti rappresentati nel ricordato mosaico pompeiano (fig. 31), mentre a ospitare la gran folla dei visitatori quotidiani era deputato il *uestibulum* della *domus*, che Cicerone con proprietà terminologica distingue nel suo lessico da *uilla*.

Fig. 31. Mosaico c.d. dell'Accademia platonica (vedi nota 74): sedile all'aperto ad *hemicyclus* con zampe ferine, in basso a sinistra.

Ora, nonostante proprio la fronte della Villa del Giurista sull'Aniene sia superstite solo parzialmente, essendo stata distrutta quella porzione degli ambienti che si trovava in facciata, ne rimangono tuttavia le *fauces*, inadatte a contenere folle: pur nell'ipotesi della loro massima estensione, che non supererebbe 29 mq, sui quali insiste la scala d'accesso all'atrio, la superfice utile per ospitare eventuali estranei vi si ridurrebbe comunque a circa 25 mq, adatti a contenere in piedi una trentina di persone – non esattamente la folla evocata da Cicerone – e inoltre dicevo che l'ipotesi ricostruttiva potrebbe ridursi fino a metà circa in base alle proporzioni 'vitruviane'[76] (fig. 34).

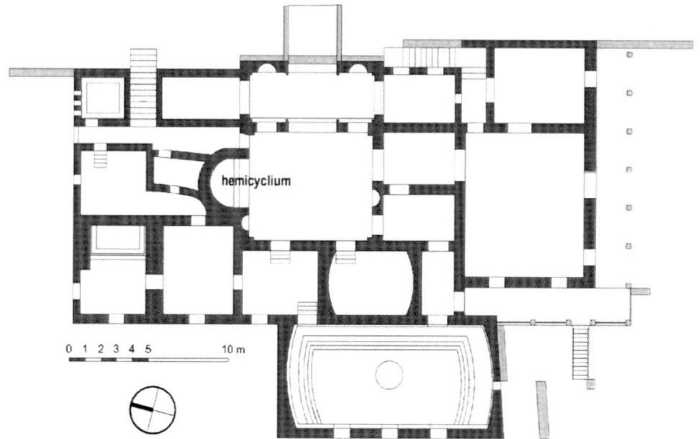

Fig. 32. Planimetria della villa romana dei Venulei a Massarosa presso Massaciuccoli (Lucca), con *hemicyclium* (tricliniare oppure come sedile?), II fase (I sec. d.C.).

[75] FORCELLINI, *Lexicon Totius Latinitatis*, II, Patavii 1805, p. 346 s.v. *exedra*; S. PRIESTER, *Ad summas tegulas. Untersuchungen zu vielgeschossigen Gebäudeblöcken mit Wohneinheiten und insulae im kaiserzeitlichen Rom*, Roma 2002, pp. 171 ss.

[76] Vitruvio VI 3.5 prescrive che le *fauces* misurino 2/3 della larghezza del *tablinum*, in *domus* con atri piccoli, o la metà nel caso di case con atri più grandi: poiché il *tablinum* della Villa del Giurista misurava circa 7×5 m (35 mq), oppure un massimo di 6×6 (36 mq), le *fauces*, che nell'ipotesi di massima lunghezza avrebbero 7 m, potrebbero essere state lunghe appena 3,5 m.

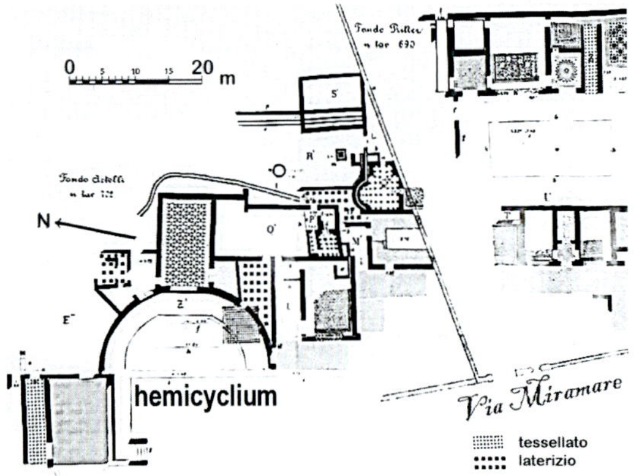

Fig. 33. Planimetria della villa romana di Fondo Artelli a Barcoli (Trieste), con grande *hemicyclium*.

Le *fauces* trapezoidali (circa 4 e 4,5 m sui lati corti × 7 e 7,5 sui lunghi nell'ipotesi massima, 4 e 4,5×3,5 e 3,8 nella minima: fig. 34) della Villa del Giurista sono insomma il passaggio ad un *atrium* misurante circa 70 mq (escluse le *alae*): già questo basterebbe a scartare l'identificazione col *uestibulum* della *domus* dell'Augure. Inoltre non v'è traccia archeologica di un *hemicyclium* né di un peristilio all'interno e neanche all'esterno dell'edificio, la cui planimetria è sufficientemente nota (fig. 34): grazie all'intelligenza – da parte di Claudia Angelelli e Stella Falzone – nella lettura del piano terra, che sosteneva con i muri perimetrali e con colonne o pilastri la soprastante *pars urbana*, in gran parte distrutta, della villa, ho potuto azzardare perfino una ricostruzione degli ambienti di rappresentanza, affacciati sull'atrio e 'poggiati' sui magazzini e sulle stanze di servizio, i cui muri perimetrali e le cui strutture di sostegno furono concepite proprio per sorreggere la *pars urbana* o *dominica* e i suoi pavimenti. Se in essa vi fosse stato un *hemicyclium*, se ne sarebbe trovata la sostruzione semicircolare nella *basis uillae*.

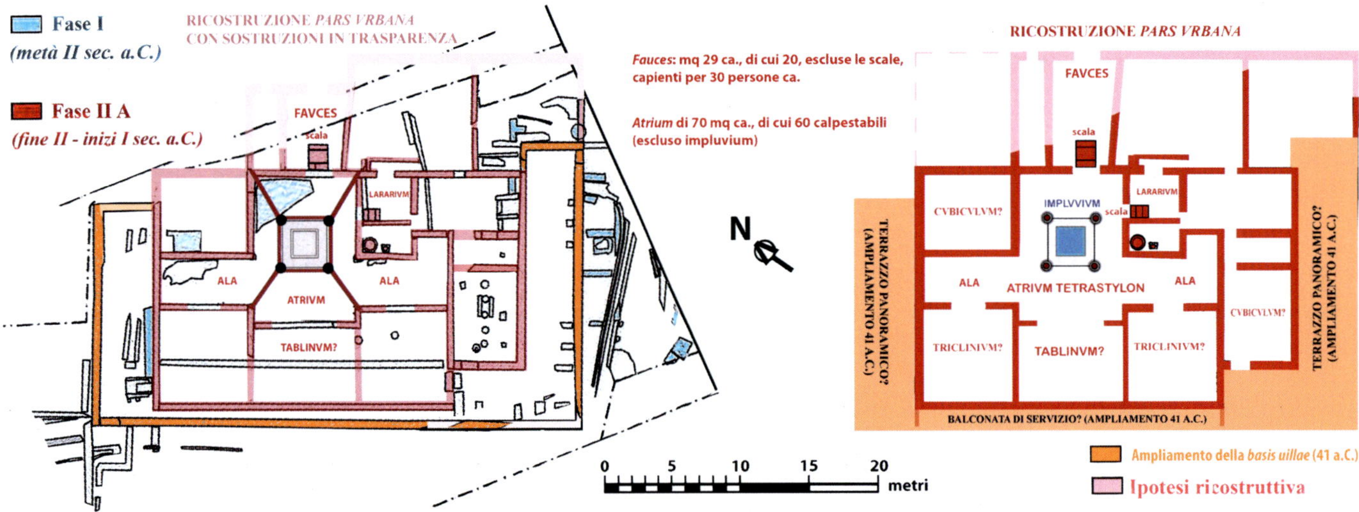

Fig. 34. Ricostruzione planimetrica della *pars urbana* della Villa del Giurista: a sin. con visibilità in trasparenza delle strutture della *basis uillae* sorreggenti il primo piano; a destra con le sole strutture della *pars urbana*: non v'è traccia di *uestibulum* ed *hemicyclium*.

Vi è inoltre un altro argomento, che induce a collocare la *domus* dell'Augure nel centro urbano di Roma. Sappiamo da Pomponio che, già nel III sec. a.C., il senato era arrivato ad assegnare a spese pubbliche a Gaio Scipione Nasica una *domus* sulla Via Sacra, perché la moltitudine lo potesse consultare senza difficoltà (D. 1.2.2.37: *cui etiam publice domus in Sacra Via data est, quo facilius consuli posset*), evidentemente in quanto abitava fuori Roma, com'era consuetudine dell'aristocrazia senatoria in età arcaica. Questa informazione dissuade, almeno a livello comparativo, dal credere che la Villa del Giurista sull'Aniene sia stata la casa in cui l'Augure ricevette fino all'ultimo le folle che lo visitavano e dalla quale poteva, anche vecchio e malato, raggiungere in qualche modo il senato. E infatti un passo delle Filippiche dà infine conferma che l'Augure abitasse in città.

> Cic., *Philip.* VIII 31: *memoria teneo bello Marsico cum esset summa senectute et perdita ualetudine cotidie simul atque luceret, faceret omnibus conueniendi sui potestatem, nec eum quisquam illo bello uidit in lecto, senexque debilis primus ueniebat in curiam.*
>
> Ho ben salda memoria che [l'Augure] durante la guerra marsica (91-89 a.C.), quando versava in un'estrema vecchiaia e aveva perduto la salute, ogni giorno puntualmente al far della luce dava a tutti quelli che lo volessero la possibilità di andarlo a trovare, né alcuno lo vide a letto nel corso di quella guerra, e malgrado fosse vecchio e debilitato era il primo a venire nella curia.

È chiaro che dalla Villa sull'Aniene, distante circa 6 miglia (una decina di Km) da Roma, ci sarebbero volute alcune ore di cammino a piedi o in lettiga per il vecchio Augure, o certamente più di un'ora a cavallo al galoppo – ben difficile da immaginare – e non meno in navigazione in barca attraverso l'Aniene dovendo poi dal Tevere raggiungere la *curia senatus* via terra, e in ciascun caso rifacendo il percorso al ritorno: tutte eventualità che concorrono a farci capire che l'Augure abitava in città e che fino all'ultimo potè accogliere la folla nel *uestibulum* di casa e raggiungere per primo la curia, malgrado fosse malridotto, proprio perché abitava nell'Urbe.

Inoltre mi sembra chiaro che la frugalità della mensa in Ateneo e l'austerità nel costruire una così piccola villa in Columella e Plinio, siano, nella rappresentazione delle fonti, aspetti della stessa *Weltanschauung* stoica e catoniana di un medesimo Q. Mucio Scevola. In verità la prisca concezione della vita è una motivazione ideologica e moralistica senatoria, con richiamo sia allo stoicismo sia ai *mores maiorum*, elaborata dall'Annalistica e dalla Storiografia romana, che cela le finalità di mantenimento dell'egualitarismo oligarchico, messo in discussione dalla *luxuria*, cui, grazie alle conquiste nell'Oriente mediterraneo, avevano accesso solo i *maximi uiri* o i *summi homines* fra i *patres*, e che diveniva strumento per acquistare clientele e conseguire eminenza politica sulla restante *nobilitas*[77], come di fatto avvenne nell'ultimo secolo della *respublica*, che ne rimase alla fine travolta.

---

[77] Com'è stato molto bene argomentato da storici e archeologi indipendentemente gli uni dagli altri: cfr. nota 20.

Di conseguenza dobbiamo credere che il Q. Mucio Scevola di Ateneo sia il Pontefice Massimo assassinato nell'82, lo stesso indicato in *Brutus* 306, arbitrariamente emendato nell'indicazione della paternità – causa un aprioristico pregiudizio – per riconoscervi l'Augure, e ricordato da Columella e da Plinio per l'inusitata e proverbiale modestia della sua villa. Del resto, se in tali fonti non troviamo alcuna precisazione per distinguere di quale dei due omonimi si trattasse, ciò è perché quel problema, che poteva porsi quando i protagonisti erano in vita e la fama dell'Augure eguagliava quella del Pontefice Massimo, non sussisteva più dopo la loro morte: infatti, nonostante le opere di Cicerone avessero conservato la memoria dell'Augure, quella del Pontefice Massimo prevalse nettamente non solo per la ben più alta carica sacerdotale rivestita e per la sinistra fama del sacrilego assassinio di cui era rimasto vittima, ma ancor più per le sue opere giurisprudenziali, oggetto non soltanto delle frequenti citazioni di molti fra i più illustri giuristi dei secoli seguenti, ma anche dei libri *ad Quintum Mucium* di Lelio Felice e di Sesto Pomponio e dell'*ex Quinto Mucio* di Gaio[78]. Se costoro, ormai tre secoli dopo la morte dei due giuristi omonimi, quando scrivevano di un Q. Mucio Scevola si riferivano sempre *tout court* al Pontefice Massimo (†82) e non all'Augure (†88), Cicerone – come ben vide Ferdinando Bona – ci dà la prova in *Brutus* 152 che già nel 46 a.C., a 42 anni dalla morte dell'uno e a 36 da quella dell'altro, «indiscussa doveva essere nella temperie culturale del tempo l'autorità del Pontefice»; questi, difatti, non soltanto aveva ormai oscurato la fama che l'Augure aveva avuto in vita, ma – come ha scritto Ferrary – era, nel«la gerarchia comunenemente riconosciuta» ben superiore perfino a Servio Sulpicio Rufo, tanto – aggiungo – che nei papiri il suo nome era abbreviato in *QM* (PAnt. 22 v., II 27)[79].

In conclusione, quando fonti posteriori alla morte dell'Augure menzionano *sic et simpliciter* un Q. Mucio Scevola vissuto a cavallo fra il II e il I sec. a.C., bisogna presumere, fino a prova contraria, che si tratti del Pontefice Massimo, e ciò è maggiormente vero in *Brutus* 306, dove Cicerone indica per di più la paternità *P(ublii) f(ilius)*: solo un preconcetto storiografico ha portato a forzarne il testo tràdito. Di conseguenza, dobbiamo anche riconoscere che il riferimento di Columella e di Plinio alla piccolezza della *uilla* agricola di Quinto Mucio Scevola va attribuito non alla grande *domus* (urbana) dell'Augure, ma alla villa (suburbana) del Pontefice Massimo, e sempre a lui spetta il rifiuto di dedicarsi all'attività docente e la scelta di un magistero giurisprudenziale 'indiretto', concedendo cioè di ascoltare la sua attività respondente, di cui Cicerone riferisce come testimone oculare.

Gli affreschi della villa dei *Mucii Scaeuolae* pertengono a un programma pittorico, così ben indagato da Mayer nella sua *temperies* 'ciceroniana'[80], che, grazie all'accertata cronologia al 40 a.C., potremo ora contestualizzare con cognizione di causa nell'età del secondo triumvirato: per farlo, però, dobbiamo chiederci anzitutto chi, in quel fatidico anno, fosse il proprietario che aveva ampliato l'edificio e commissionato il programma pittorico.

---

[78] A. GUARINO, *Variazioni su Gaio*, «Labeo» XV (1969), pp. 321 s. (= *Pagine di diritto romano*, V. *La giurisprudenza*, Napoli 1994).

[79] F. BONA, *L'ideale retorico ciceroniano e il 'ius civile in artem redigere'*, «SDHI» XLVI (1980), p. 353 (= *Lectio sua. Scritti editi ed inediti di diritto roano*, II, Padova 2003, p. 798), da cui la citazione; FERRARY, *Introduzione* ..., cit. a n. 36, p. 4, da cui la seconda citazione. Per PAnt. 22 cfr. C. CASCIONE, *D. 41.2.25.2: una precoce certezza di Quinto Mucio o un tentennamento di Pomponio?*, in *'Armata Sapientia'. Scritti in on. di Francesco Paolo Casavola in occasione dei suoi novant'anni*, a cura di L. Franchini, Napoli 2020, pp. 171 s., con bibliografia.

[80] Vedi MAYER in questo volume; sulla memoria ciceroniana di Q. Mucio cfr. K. TUORI, *The Myth of* Quintus Mucius ... cit. a n. 23, tuttavia troppo scettico sull'obiettività della valutazione da parte dell'Arpinate del suo maestro di diritto.

4. *Il proprietario della villa nel 40 a.C.*

Quintus Mucius P.f. Scaeuola Pontefice Massimo, costruttore della villa sull'Aniene negli anni 110/100 a.C. circa, alla sua morte per assassinio nell'82 lasciava: **1)** il figlio *Quintus*, da ritenere primogenito per l'omonimia del *praenomen*, e anche perché in età di essere onorato in epigrafi di Nisa, Oinanda e forse Kos durante il proconsolato in Asia del padre fra il 94 e il 90 a.C.[81]; **2)** un secondogenito *Publius*, con il *praenomen* del nonno, *Pontifex* negli anni 72-64 all'incirca, morto entro il 57[82] e dunque da escludere dal novero dei possibili proprietari della villa nel 40 a.C.; **3)** la terzogenita *Mucia Tertia*, anche lei tendenzialmente da escludere dal novero dei possibili proprietari del 40 a.C., benché le donne potessero ereditare, perché la *domus auita et patrita* è più facile sia stata trasmessa in eredità al primogenito o comunque a un maschio[83]; **4)** il quartogenito *Cordus* – [*C. Mucius Q.f. P.n. Scaeuola*] *Cordus* – solo di recente rivendicato dalla dottrina alla famiglia (per il quale vedi di seguito e cfr. tabella delle Genealogie Zanin e Costabile alle pp. 437, 461).

Per orientarsi nel ginepraio delle discendenze e parentele muciane bisogna fare ricorso all'albero genealogico o stemma redatto magnificalmente nel 1933 da Friedrich Münzer nella *Realenziklopädie* (*RE*), aggiornato con acribia nel 1995 in base alle nuove scoperte epigrafiche da Claude F. Eilers e Nicky P. Milner, e infine rivisto con acume storico nel 2019 dal giovane ma valente studioso Manfredi Zanin: mi attengo dunque qui (cfr. tabella pp. 437, 461) di massima alla genealogia zaniniana con qualche lieve correzione e la sola variante sostanziale che il *C. Mucius Q. f. Scaeuola Cordus* monetario, da lui ritenuto terzogenito del nostro Quinto *Pontifex Maximus* †82 a.C., è per me il quartogenito, essendo evidentemente terzogenita *Mucia Tertia*, il cui *cognomen* è in tal senso un aggettivo numerale ordinale letteralmente 'parlante'[84].

---

[81] Rinvio per le fonti epigrafiche a *Quintus Mucius Scaevola. Opera*, [*S.I.R.* 1 Direzione di A. Schiavone] Roma, 2018, p. 66, *testimonia* nr. 6 e 7, e *ibidem* J.-L. FERRARY, *Introduzione* cit. a n. 36, p. 7 n. 20. Vedi anche *infra* e n. 89.

[82] Per Publio, Pontefice nel 64 a.C. [Macrob., Sat. III 13.11; cfr. anche T.R.S. BROUGHTON, *The Magistrates of the Roman Republic*, I, Ann Arbor 1954, liste *sub annis* 73, 69, 70, morto una ventina d'anni prima della stesura degli affreschi nel 40] cfr. F. MÜNZER, in *RE* XXXI.1, 1933, s.v. *Mucius* nr. 18, coll. 428-429; J. RÜPKE – J. GLOCK, Fasti sacerdotum. *Die Mitglieder der Priesterschaften und das sakrale Funktionspersonal römischer, griechischer, orientalischer und jüdisch-christlicher Kulte in der Stadt Rom von 300 v. Chr. bis 499 n. Chr.*, II, München 2005, pp. 1160-1161 nr. 2481; ZANIN, *Il triumviro monetale Cordus* cit. a n. 36, p. 92 e n. 18 (con altra bibl.).

[83] Mucia Terzia in prime nozze era andata sposa a Pompeo Magno, da cui aveva avuto quel Sesto, che si era reso padrone della Sicilia e Ottaviano, grazie agli uffici della madre cui s'era rivolto, era addivenuto ad una – sia pur caduca – pace con lui. Se Ottaviano aveva fatto ricorso a Mucia Terzia, ciò fu probabilmente perché ella era zia paterna di Quinto tr. pl. nel 53 e augur nel 49, sulla cui militanza cesariana vedi *infra*.

[84] Sugli aggettivi numerali ordinali come *cognomina*, in ispecie femminili (in età arcaica usati quali *praenomina*), indicanti la sequenza della genitura di famiglia, v. J. KAJANTO, *The Latin Cognomina*, Helsinki 1965, pp. 74 ss., 134, 290 (535 attestazioni di *Tertius/Tertia*); ID., *On the First Appearance of Women's Cognomina* in *Akten des VI. Internationalen Kongresses für Griechische und Lateinische Epigraphik (München 1972)*, München 1973, pp. 403 ss.; G. BONFANTE, *Il nome della donna nella Roma arcaica*, «RAL» XXXV (1980), pp. 3-10; H. SOLIN, *Sul consolidarsi del cognome nell'età repubblicana al di fuori della classe senatoria e dei liberti*, in *Epigrafia. Actes du colloque international d'épigraphie latine en mémoire de Attilio Degrassi pour le centenaire de sa naissance (Rome 27-28 mai 1988)*, [EFR 143] Roma 1991, p. 163; M. KAJAVA, *Roman Female* Praenomina. *Studies in the Nomenclature of Roman Women*, [Acta Inst. Rom. Finlandiae 14], Roma 1994, pp. 82, 101; T. NUORLUOTO, *Roman Female Cognomina. Studies in the Nomenclature of Roman Women*, Uppsala 2021, pp. 13, 37-38, 43, 45-46, in part. 50-51.

Tuttavia i 42 anni di distanza fra la morte di Quinto (†82) e l'ampliamento edilizio con la connessa stesura degli affreschi nel gennaio del 40 a.C. rendono più probabile che il proprietario committente delle pitture celebrative vada ricercato non tra i figli, bensì fra i nipoti di cui il costruttore della villa era nonno.

Inizierò in ordine inverso alle probabilità con il 'candidato' meno verosimile, ma pur sempre possibile: il *XVuir sacris faciundis* del 17 a.C. *C. Mucius C.f. Q.n. P.pron. Scaeuola*, cugino del *tr. pl.*, e figlio di quel *C. Mucius Scaeuola Cordus* identificato da Zanin[85] con il *monetarius* del 70 a.C., da lui convincentemente recuperato alla *gens Mucia*: è quegli a battere i *denarii* con le personificazioni di *Ro*(*ma*) e dell'*Ita*(*lia*) che si stringono la mano, in occasione del censimento che iscrisse nelle tribù romane i *noui ciues* dopo il *bellum sociale*, e con le teste di *Honos* e *Virtus*, il cui tempio era stato commissionato da Caio Mario all'architetto Q. Mucio. Nel 17 a.C. il *XVuir s.f. C. Mucius Scaeuola* doveva avere una sessantina d'anni ed era stato cooptato nel sacro collegio verosimilmente attorno al 39[86], fu proconsole della provincia *Sardinia et Corsica* fra 27 a.C. e 5 d.C. e si ritiene nato verso l'80[87].

L'altro 'candidato' quale proprietario della villa nel 40 a.C. è invece più probabile, essendo primogenito del costruttore Quinto e verosimilemente erede dell'abitazione del padre: è il Quinto, *tribunus plebis* nel 54 e *augur* nel 49 a.C., astutamente prestatosi a dare la sua *interpretatio* in materia di diritto augurale, una *obnuntiatio*, strumentalmente agli interessi e ai fini politici di Giulio Cesare[88].

---

[85] F. MÜNZER, *RE* XXXI.1 (1933) 1, s.v. *Mucius*, coll. 413-414; EILERS – MILNER, *Q. Mucius Scaevola and Oenoada* cit. a n. 36, pp. 73-89; M. ZANIN, *Il triumviro monetale Cordus* cit. a n. 36, p. 116 (stemma).

[86] R. ZUCCA, Additamenta epigraphica *all'amministrazione della Sardegna da Augusto all'invasione vandalica*, in G. Angeli Bertinelli – A. Donati (a cura di), *Varia epigraphica. Atti Colloquio Internazionale di Epigrafia (Bertinoro, 8-10 giugno 2000)*, Faenza 2001, pp. 524-527: cooptazione attorno al 39 in base alla sua posizione nella lista dei quindicemviri.

[87] Ne scrive ZANIN, *Il triumviro monetale Cordus* cit. a n. 36, pp. 95-96: «Nella primissima età augustea è … attestato un *C. Mucius Scaevola*; il nome e la carica di *XVvir sacris faciundis* sono noti grazie all'iscrizione che reca in via frammentaria gli atti dei *ludi saeculares* del 17 a.C. [*CIL* VI 877b, 32323, 32324 = *ILS* 5050 = *AE* 1988, 20-21 = *AE* 2002, 192, ll. 107, 150, 167]. Per lo stesso uomo sono noti con ogni probabilità pure i *praenomina* del padre e del nonno; nell'*ager Amiterninus* è stato infatti rinvenuto un architrave iscritto che riporta il nome del committente: "*C*(*aius*) *Mucius C*(*ai*) *f*(*ilius*) *Q*(*uinti*) *n*(*epos*) *Scaevo*[*la* – – –]" [*CIL* IX 4414], verosimilmente lo stesso "*C. Mucius, XVvir*", noto da altre due iscrizioni frammentarie provenienti dallo stesso territorio e identificabile quindi con il quindecemviro augusteo [*CIL* IX 4414 + ? *SupplIt* IX, p. 51 nr. 4444, pp. 80-81 = *AE* 1993, 280: S. SEGENNI, Amiternum *e il suo territorio in età romana*, Pisa 1985, pp. 83-85 ipotizza la restituzione: *C*(*aius*) *Muc*[*ius C*(*aii*) *f*(*ilius*) *Q*(*uinti*) *n*(*epos*) *S*]*caevola* | *XV* [*sacris fac*]*iundis* | – – – – – –]. Nel medesimo esponente degli *Scaevolae* deve essere riconosciuto anche il *C. Mucius C.f. Scaevola* citato con il rango di proconsole in un'iscrizione da Nora [*CIL* X 7543 + *AE* 2001, 1110], sopravvissuta in quattro frammenti e commemorante un intervento evergetico a carattere edilizio e ornamentale. Il titolo proconsolare consente di riconoscere in Gaio Muzio un governatore della provincia senatoria di *Sardinia et Corsica* in un arco cronologico compreso tra il 27 a.C. – l'anno in cui venne a definirsi il nuovo sistema provinciale augusteo – e il 5 d.C. Stante la struttura del collegio quindecemvirale augusteo, nel quale diversi membri, tra cui lo stesso Scevola, formavano un nucleo risalente all'epoca triumvirale, è verosimile che Gaio Scevola avesse rivestito il proconsolato poco dopo l'instaurazione del nuovo sistema provinciale, ricavando in ogni caso una data di nascita intorno al secondo quarto del I sec. a.C.».

[88] EILERS – MILNER, *Q. Mucius Scaevola* cit. a n. 36, pp. 82-84, pensano che il Q.M.S. *tr. pl.* nel 54 a.C. [BROUGHTON, *The Magistrates* cit. a n. 109] e *augur* prima del 49 sia nipote [*Quintus Mucius Q.f. Q.n. Scaeuola*] del *Quintus Pont. Max.* †82. Cic., *Ad Att.* IX 9.3, (19.3.49) menziona un *augur* cesariano Scevola, che sembra il *tr. pl.* di 5 anni prima [menzionato da Cic., *Ad Att.* IV 17.4 (*Scaeuola*) e 18.4 (*Q. Mucius*)]. Su Quinto Mucio tribuno del 54 vedi ora il saggio di M. MAYER I OLIVÉ, *El logistoricus Scaevola de Marco Terencio Varrón: algunas consideraciones*, in *Abantos. Homenaje a Paloma Cabrera Bonet*, Madrid 2021, pp. 401-408, apparso durante la stampa di questo volume.

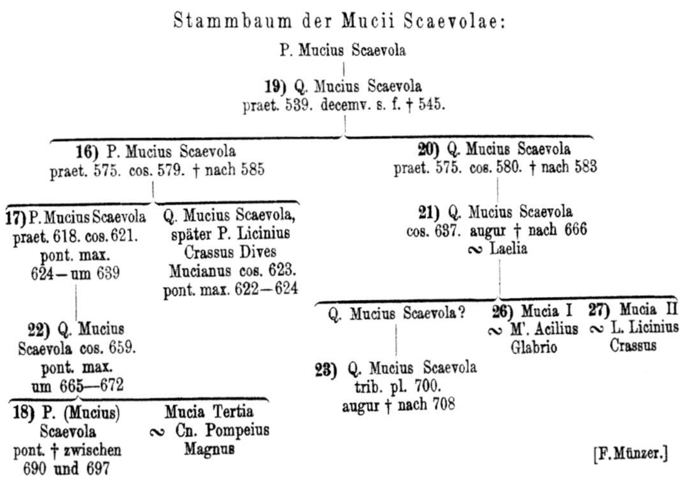

Genealogia dei *Mucii Scaeuolae* di F. Münzer (*RE* 1933)

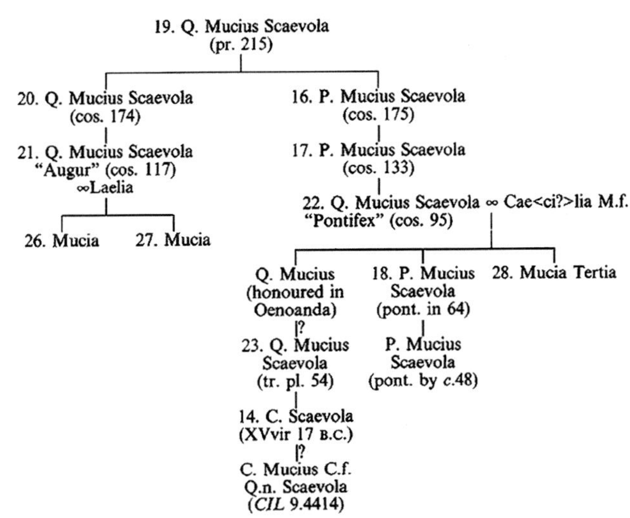

Genealogia dei *Mucii Scaeuolae* di C.F. Eilers & N.P. Milner (1995)

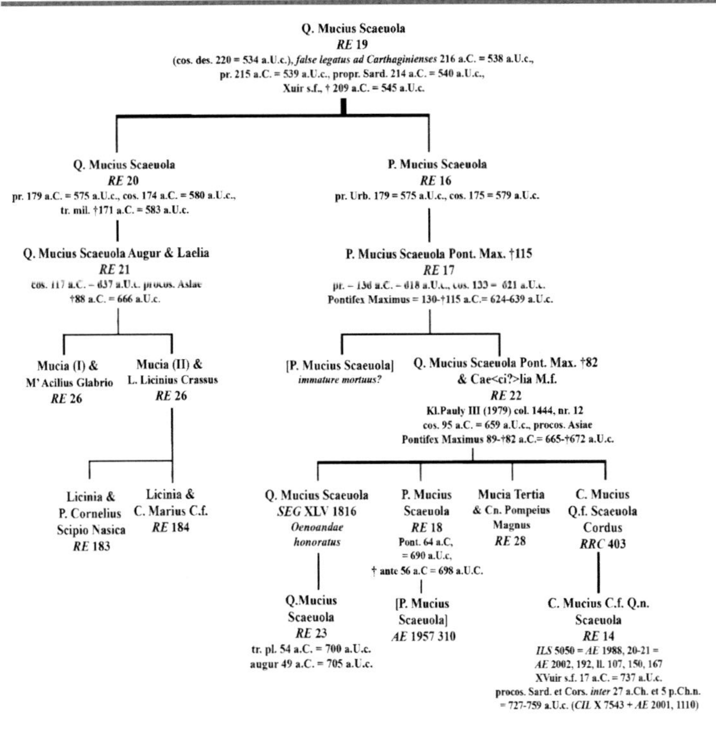

Genealogia dei *Mucii Scaeuolae* di F. Costabile 2021

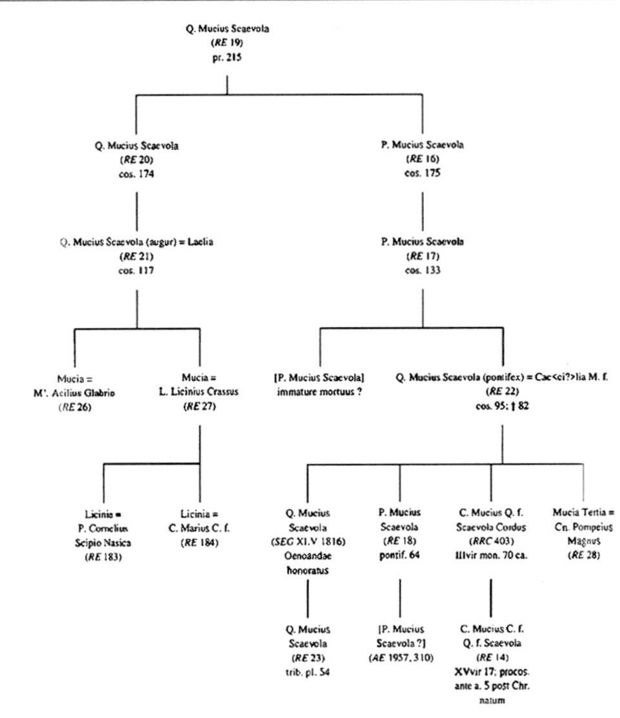

Genealogia dei *Mucii Scaeuolae* di M. Zanin 2019

Questo Quinto *tr. pl.* – teste Cicerone, *Brut.* 147 – era amico di un *C(aius) Rutilius* a noi sconosciuto, che però potrebbe essere figlio di quel giurista autore della *Formula Rutiliana* e sodale del costruttore della villa, il cui nome – *P(ublius) Rut[ilius Rufus]* – si legge sulla prima pagina di un grande polittico dipinto a fresco, e dunque celebrato nel programma pittorico del 40. Il tribuno della plebe del 54 e augure del 49 a.C. sarebbe allora amico del figlio Caio e committente della celebrazione pittorica di Publio, vittima dell'ingiustizia perché collaboratore di Quinto Mucio in Asia fra il 94 e il 90. Difatti il *tr. pl.* era figlio omonimo e dunque primogenito del personaggio onorato in iscrizioni di Oinoanda e di Nisa, e fors'anche di Kos, durante il proconsolato asiatico di Quinto[89], e può avere ereditato la villa sull'Aniene dal padre, il quale a sua volta può averla avuta come erede primogenito alla morte del Pontefice Massimo nell'82. Poiché la pretura a quell'epoca poteva essere rivestita non prima del 39° anno d'età[90], e la questura dopo Silla non prima del 30°, se Quinto fosse stato eletto al tribunato della plebe *suo anno*, cioè entro il compimento del 32°, com'è probabile per l'importanza della famiglia, e con un biennio di *interuallum* dalla questura, sarebbe dovuto essere nato nell'86: pertanto nel 40 a.C. avrà avuto 46 anni o poco più.

ὁ δῆμος καὶ ἡ βουλὴ
Κοΐντον Μούκιον Κοΐντου υἱὸν
Καιουόλαν τὸν υἱὸν Κοΐντου Μουκίου
Καιουόλα στρατηγοῦ ἀνθυπάτου
Ῥωμαίων

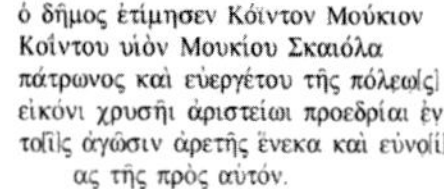

ὁ δῆμος ἐτίμησεν Κόϊντον Μούκιον
Κοΐντου υἱὸν Μουκίου Σκαιόλα
πάτρωνος καὶ εὐεργέτου τῆς πόλεω[ς]
εἰκόνι χρυσῆι ἀριστείωι προεδρίαι ἐν
το[ῖ]ς ἀγῶσιν ἀρετῆς ἕνεκα καὶ εὐνο[ί]-
ας τῆς πρὸς αὐτόν.

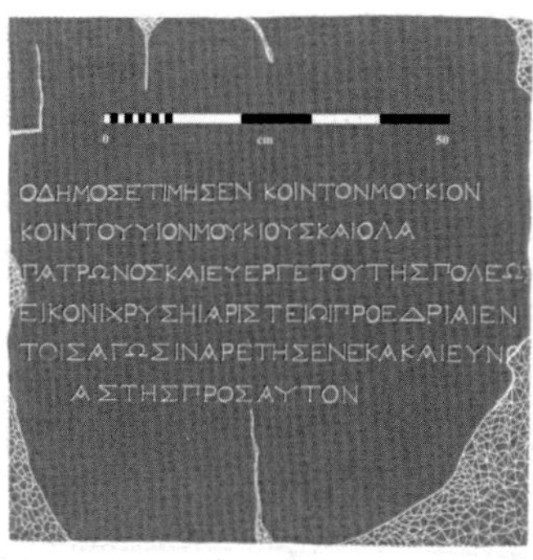

Figg. 35-36. Basi iscritte delle statue onorarie di *Quintus Mucius Scaeuola*, figlio del proconsole romano dell'Asia, Quinto, databili fra 94 e 90 a.C. A sinistra, da Nisa: «Ep.An.» XXXIX (2006) pp. 46-48 nr. 4. A destra, da Oinoanda: *SEG* XLV (1998) 1816.

---

[89] Cfr. n. 81. *SEG* XLV (1998) 1816, da Oinoanda; W. BLÜMEL, *Neue Inschriften aus Karien III*, «Epigraphica Anatolica» XXXIX (2006), pp. 46-48, Nr. 4, da Nisa.

[90] Il limite, per la maggioranza della dottrina, fu stabilito dalla *lex Villia annalis* del 180 a.C., e comunque l'età minima di 39 anni per la pretura in rapporto al consolato è attestata da Cic., *Phil.* V 47 (cfr. H.W. JOHNSTON – H.M. KINGERY, *M.T. Cicerone & Sallustio*, traduz. it. di *Selected orations and letters of Cicero*, Chicago 1910, p. 99 n, 19; TH. HANTOS, *Res publica constituta. The constitution of the dictator Sulla* . Steiner, Stuttgart 1988, p. 39 s.; J.M. RAINER, *Introduction to Roman constitutional law. The beginnings and the republic*, Darmstadt 1997, pp. 47-48 e n. 146): K. NIPPERDEY, *Die* leges annales *der römischen Republik*, Leipzig 1865, pp. 1-6 = «Abhandl. d. philol.-hist. Kl. d. sächs. Ges. d. Wiss.» V (1865) 1, pp. 1-6; TH. MOMMSEN, *Röm. Staatsrecht*, I, Lipsia 1887³, p. 529; G. ROTONDI, *Leges publicae populi Romani*, Milano 1912 [1952], p. 278; P. FRACCARO, *I* decem stipendia *e le* leges annales *repubblicane*, in *Studi della Facoltà di Giurisprudenza di Pavia per il XIV centenario delle Pandette*, Pavia 1937, p. 475; A. AFZELIUS, *Lex Annalis*, «Classica et Mediaevalia» VIII (1946), pp. 268 ss.; G. RÖGLER, *Die* Lex Villia annalis. *Eine Untersuchung zur Verfassungsgeschichte der römischen Republik*, «Klio» XL (1962), pp. 76 ss.; R.J. EVANS – M. KLEIJWEGT, *Did the romans like young men? A study of the lex Villia annalis: causes and effects*, «ZPE» XCII (1992), p. 187; A. LINTOTT, *The Constitution of the Roman Republic*, Oxford 1999, p. 109; F. VALLOCCHIA, *Qualche riflessione sul plebiscito del tribuno della plebe Villio del 180 a.C. (la cd.* Lex Villia annalis*)*, «Diritto@Storia» X (2011), http://hdl.handle.net/11573/431646

5. *Il messaggio celebrativo della tradizione morale e giurisprudenziale dei* Mucii Scaeuolae *negli affreschi.*

5.1. *La Weltanschauung del proprietario in età cesariana.*

Il messaggio del programma pittorico commissionato nel gennaio del 40 a.C. dal proprietario della villa, sùbito dopo averla ampliata e ristrutturata ad almeno una sessantina d'anni dalla costruzione, era tanto completo ed eloquente per lo spettatore antico, quanto frammentario e da decrittare per quello moderno: per 'leggerlo' dovremo tener conto anzitutto di alcune ragionevoli certezze acquisite dall'indagine finora condotta da studiosi di diversi àmbiti e discipline.

1) Il costruttore della villa, fra la fine del II e l'inizio del I sec. a.C., fu il grande giurista *Q. Mucius P.f. P.n. Q.pron. Scaeuola*, nato attorno al 140, console nel 95, proconsole d'Asia in un anno fra il 94 e il 90, Pontefice Massimo assassinato nell'82 a.C.; suo padre Publio era stato anche lui *iurisprudens*, Pontefice Massimo, editore (e manipolatore) degli *Annales Maximi Pontificum*, morto nel 115; suo nonno Publio era stato pretore urbano nel 179, magistrato con funzioni giurisdizionali *inter ciues Romanos*, e suo bisnonno era stato quel Quinto, cui era falsamente attribuita, probabilmente dal Publio Pontefice Massimo, la legazione a Cartagine nel 216.

2) Nell'82, alla morte di Quinto, la villa andò probabilmente al suo erede primogenito e omonimo, a noi noto dalle basi iscritte di sue statue onorarie erette a Oinoanda, Nisa (figg. 35-36) e forse Kos, che lo dichiarano figlio del proconsole romano (dell'Asia) e che vanno perciò datate fra il 94 e il 90. Se supponiamo che all'epoca avesse non meno d'una ventina d'anni, e dovremmo pensare anche a un'età maggiore, dato ch'egli era oggetto di tali e tante onoreficenze, si risale a una data attorno al 115. Se fosse stato vivo nel 40 avrebbe dunque avuto circa 75 anni. Non può perciò escludersi che fosse ancora vivo, ma, data la media dell'esistenza dell'epoca, è comunque più facile che la villa sull'Aniene fosse stata già ereditata dal suo primogentito pretore nel 54 e augure nel 49.

3) Che quest'ultimo fosse di parte cesariana è ben noto da Cicerone, ma anche il cugino *Caius*, *XVuir s.f.* nel 17 a.C., figlio di *Cordus*, doveva aver scelto la parte giusta nelle guerre civili, se sotto il principato augusteo lo troviamo a rivestire perfino il proconsolato di Sardegna e Corsica, che presuppone un precedente consolato.

Dunque la famiglia dei *Mucii Sceuolae* gravitava tutta nell'orbita cesariana e di questo dovremo tener conto nell'esegesi del 'messaggio' veicolato dagli affreschi.

Esso, tuttavia, si iscrive e si spiega alla luce molto più della tradizione gentilizia di tale famiglia della *nobilitas* plebea, tradizione così esemplare da essere tramandata a secoli di distanza, che non delle ideologie politiche cesariane, con le quali, in materia di *luxuria* e di apertura all'*ordo equester*, quel messaggio sembra invece essere in sia pur garbata e signorile polemica. L'appartenenza alla *secta* o *factio* dei *populares* dei *Mucii Scaeuolae* li fece sì schierare dalla parte di Cesare, ma non impedì loro di conservare l'orgoglio dell'appartenenza alla *nobilitas* senatoria plebea, attenendosi ad una linea conservatrice, ispirata alla severità dei *mores maiorum* e allo stoicismo, linea se non ostile, chiusa, nell'àmbito deontologico, all'edonismo epicureo dell'età cesariana e, nell'àmbito sociale, all'emergere del ceto equestre, accresciuto dai *noui ciues* latini e italici dopo il *bellum sociale*. Quanto la frugalità stoica e catoniana incarnava l'ideale dell'egualitarismo oligarchico, tanto la *luxuria* favoriva l'emergere di grandi personalità e del ceto equestre a detrimento di quella tradizione nobiliare patrizio-plebea. Quinto Mucio e Publio Rutilio Rufo si erano coraggiosamente opposti in Asia agli abusi dei publicani appartenenti a quel ceto, ma l'avversione all'estensione della cittadinanza era segno di miopia di fronte all'emergere di nuove esigenze sociali, una miopia che si legge in filigrana nella rivendicazione del primato giurisprudenziale della *nobilitas* nell'epoca della *compositio edicti* affidata proprio da Cesare ad un equestre come Aulo Ofilio.

5.2. *Frugalità catoniana e* hospitalitas.

Uno dei pochi contesti che ci è dato vedere con una sia pur parziale completezza in uno dei frammenti di affresco rappresenta insieme, sopra una mensola (più che una mensa), come ha ben visto Stella Falzone, un papiro avvolto, con legenda esterna al rotolo (forse un indirizzo), un calamaio con relativo calamo, un dittico o trittico di *tabulae* lignee di grandi dimensioni, e, sotto la mensola, una lussuosa *capsa* cilindrica per papiri: solo le grandi *tabulae*, conservate in un lacerto, trovano certo riscontro nell'*instrumentum scriptorium* esaminato da Umberto Pappalardo, che sembra tipico di uso pubblico; della legenda sul papiro non è chiaro invece il significato né se debba leggersi il nome *Aq]uuilius* o *M(a)n(ius) Vilius* (al dativo o ablativo), come il questi *Atti* propone Mayer[91]. Ben più soddisfacente è invece l'esegesi dell'altro frammento pittorico, sulla cui mensola poggiano il *memorandum sumptuarium* fuoriuscente da una cassetta, le *offulae* di cui abbiamo trattato sopra, un certo numero di monete sparse e infine il dittico con la formula di Mucio Scevola con una delle due tavolette pendente sul bordo (fig. 3).

Questo secondo frantume d'intonaco non si collegava al precedente, non solo perché mancano gli attacchi, il che potrebbe essere casuale, ma perché le dimensioni della mensola, con le sue modanature, dipinta su ciascun frammento sono diverse, sia pur di poco, cosicché non si prestano alla possibilità di ricostruzione grafica di un unico oggetto come una tavola o una grande mensa. La cosa trova spiegazione nell'ipotesi della Falzone che le mensole siano parte di tipiche decorazioni parietali[92]: «È ... probabile che il decoratore volesse riprodurre in pittura oggetti reali, che sembrano disposti sopra e sotto una superficie piana, di colore grigio o bianco-crema sfumati, di cui si voleva suggerire la profondità. Va inoltre rilevato che, al di sopra di questo "piano inclinato", si individua parte di un ortostato viola scuro con filettatura nera, che indica come i registri decorativi con gli oggetti scrittori fossero collocati all'interno di uno schema di secondo stile coerente con i sistemi parietali già analizzati. In realtà, l'elemento su cui poggiano gli oggetti stessi si configura come un'ampia cornice vista obliquamente, terminante frontalmente con una modanatura analoga a quelle già descritte per le cornici dello schema con maschere e fregio figurato: nonostante la funzione di sostegno per gli oggetti scrittori, questo elemento richiama più

[91] MAYER I OLIVÉ, *Los Scaevolae* cit. a n. 8, § 5, in questo volume.

[92] S. FALZONE, *Gli affreschi frammentari dalla c.d. Villa del Giurista a Salone (Roma)*, in questo volume, § 4.

una componente di tipo architettonico (anche per il colore neutro di fondo), che non un tavolo di lavoro, una mensola, o un ripiano di armadio. Nel caso in cui, invece, nelle pitture di Salone la base di appoggio si interpretasse come parte della scansione architettonica dello schema parietale, le dimensioni e la prospettiva dall'alto sembrerebbero far escludere una collocazione per tale piano nella parte superiore della parete, mentre si potrebbe ipotizzare in modo suggestivo che gli strumenti scrittori fossero rappresentati appoggiati su un podio dipinto prospetticamente in primo piano. Se così fosse, si avrebbe la presenza di oggetti anche di fronte al supposto podio (ovvero quelli nel c.d. registro inferiore della decorazione, ad esempio la *capsa* con rotoli), mentre il campo nero retrostante dovrebbe appartenere alla decorazione del podio medesimo. Questo gioco prospettico, suggerito anche dalla disposizione degli elementi secondo una modalità solo apparentemente casuale, concorreva probabilmente ad enfatizzare il ruolo di alcuni oggetti dipinti rispetto ad altri, come nel caso del dittico aperto con la *Formula Mucci Scaevlae*, che presenta una delle tavolette cerate aperta frontalmente e reclinata ad arte sul bordo del piano stesso che a va così a coprire, mostrando il testo perfettamente leggibile. ... Siamo di fronte senza dubbio a una rappresentazione su una vasta superficie, nella quale in molti casi gli oggetti sembrano rappresentati in scala 1:1 (quasi una megalografia!). Nella prima epoca imperiale, invece, come è noto, le rappresentazioni in pittura di strumenti scrittori si riducono sia nel numero degli oggetti che nella resa dei dettagli e sono relegate in posizioni accessorie, quasi come riempitivi della composizione. I contenuti di queste raffigurazioni sembrano divenute una citazione (spesso senza intenti di personalizzazione o resa realistica dei contenuti dei testi), la quale citazione parrebbe alludere al mondo del *negotium* (agli affari sia pubblici che privati del proprietario), con una certa aura letteraria e intellettuale (e quindi anche alla sfera dell'*otium*: si pensi alla diffusione delle raffigurazioni di personaggi reali o alle Muse con attributi associati alla scrittura in epoca imperiale). Su questo piano va dunque ricercata la grande differenza con le pitture di Salone, che risalgono a più di un secolo prima. Si può perciò supporre che nel caso della villa [del Giurista] tutto il corredo scrittorio sia stato minuziosamente riprodotto avendo di fronte oggetti reali o comunque testi da copiare, e collocando questi in uno spazio simulato (ma verosimile). ... In conclusione, negli *instrumenta scriptoria* della villa di Salone si potrebbe così riconoscere "un archetipo" (per citare il riferimento della formula processuale) dei quadri con analoghi soggetti, che saranno così ampiamente diffusi nella prima età imperiale, soprattutto nelle pareti di quarto stile. Finora *unicum* per l'età tardo repubblicana per il richiamo diretto al mondo della scrittura (con particolare riferimento all'ambito giudiziario) e ai suoi specifici contenuti, queste pitture sono lo specchio della mentalità dell'epoca, per la volontà di personalizzare le decorazioni della casa come teatro della vita, nella quale il *dominus* si rappresenta e ostenta la propria appartenenza culturale di fronte a ospiti e *clientes*. Pur rimanendo sostanzialmente aperta, allo stato attuale della ricerca, la questione della collocazione degli oggetti per la scrittura all'interno dei sistemi parietali della villa, ciò che appare incontrovertibile è, come si è detto in precedenza, la funzione comunicativa del soggetto stesso, che possiamo ritenere particolarmente adatto per il settore pubblico della casa (gli spazi per i *negotia*), e più propriamente per l'atrio o per il tablino».

A proposito degli affreschi vorrei segnalare l'opportunità di analisi per accertare che non vi sia, come sembrerebbe a prima vista, l'uso del blu chiamato da Vitruvio e Plinio il Vecchio *caeruleum Vestorianum*, perché prodotto a Pozzuoli da un *Vestorius*, che ne aveva carpito la composizione e il metodo di produzione agli egiziani apportandovi miglioramenti qualitativi: fra l'altro, in caso di esito affermativo delle analisi, si tratterebbe del più antico esempio noto, poiché Vestorio iniziò la sua produzione proprio attorno al 40 a.C.[93]. Dobbiamo ora concentrare l'attenzione su le *offullae* menzionate nel *memorandum sumptuarium* e rappresentate sulla mensola fra la striscia di pergamena e il dittico con la formula di Mucio Scevola: Giulia Baratta ha pensato, sulla base di Hor., *Serm.* I 1.25-26, che quei «due elementi di forma ovale caratterizzati da più colori» siano *crustula*, dolcetti offerti ai bambini, e che possano «in qualche misura rimandare a un ambiente vincolato all'educazione, di cui il ciclo pittorico potrebbe costituire un'ampia allegoria nella quale sarebbero raffigurati gli strumenti del docente»[94]. Penso che i confronti iconografici e morfologici, oltre che la stessa menzione delle *offulae* nella lista del '*pro memoria* della spesa', non lascino dubbi sul riconoscimento di queste piccole pietanze, che potevano essere dolci (come le offelle moderne) o salate. Inoltre, la specificità del tema processuale nella rappresentazione della formula di Mucio Scevola, il nome di Publio Rut[ilio Rufo] scritto su una grande *tabula* sia pure in un frammento fuori contesto, fanno pensare piuttosto a un esplicito richiamo alla tradizione giurisprudenziale dei *Mucii* e del loro ambiente, mentre il *memorandum sumptuarium* si spiega esclusivamente nell'ambito ideologico della frugalità della mensa sopra esaminato, anziché in termini di educazione dei fanciulli.

Un'altra 'chiave esegetica' risolutiva, tuttavia, è data proprio dalla rappresentazione delle *offulae*. Marziale, *Epigr.* XIII e XIV attesta come i piccoli generi di comfort, in cui le *offulae* rientrano, fossero chiamati *xenia* ed *apophoreta* ed offerti agli ospiti. Il testo davvero illuminante è però Vitruvio VI 7.4, per di più grosso modo contemporaneo alla stesura degli affreschi, che, trattando dei 'precedenti' greci della casa romana, scrive:

> Vitr., *De Architectura* VI 7.4-5: *In his oecis fiunt uirilia conuiuia; non enim fuerat institutum matris familiarum eorum moribus accumbere. Haec autem peristylia domus andronitides dicuntur, quod in his uiri sine interpellationibus mulierum uersantur. Praeterea dextra ac sinistra domunculae constituuntur habentes proprias ianuas, triclinia et cubicula commoda, uti hospites aduenientes non in peristylia sed in ea hospitalia recipiantur. Nam cum fuerunt Graeci delicatiores et fortuna opulentiores, hospitibus aduenientibus instruebant triclinia, cubicula, cum penu cellas, primoque die ad cenam inuitabant, postero mittebant pullos, oua, holera, poma reliquasque res agrestes.* ***Ideo pictores ea, quae mittebantur hospitibus, picturis imitantes xenia appellaverunt.*** *Ita patres familiarum in hospitio non uidebantur esse peregre, habentes secretam in his hospitalibus liberalitatem.* [5] *Inter duo autem peristylia et hospitalia itinera sunt, quae mesauloe* (plur. di *mesaulos*) *dicuntur, quod inter duas aulas media sunt interposita; nostri autem eas andronas appellant.*

[93] Vitr. VIII 11.1, Plin., *N.H.* XXXIII 161-164. J. & R. DAVIDOVITS, *Why Djoser's Bule Egyptians Faience Tilers are not Bule? Manufacturing Djoser's Faience Tiles at Temperatures as Low as 250° C?*, in J.-C. GOYON - C. CARDIN (Édd.), *Proceedings of the Ninth International Congress of Egyptologists (Grenoble, 6-12 septembre 2004)*, I, Leuven – Paris – Dudley 2007, p. 367 n. 1 con bibl. su *Vestorius*, *cui adde*: H. GINDEL, s.v. *Vestorius*, in *RE* VIII^2.1 (1958), coll. 1789-1790; J. BA., s.v. *Vestorius*, in *Der Neue Pauly* XII.2 (2003), col. 135; N. REGGIANI, *L'artigianato dei pigmenti colorati nell'antichità: note su 'blu' e 'verde egizio' nelle testimonianze dei papiri*, «Mediterraneo Antico» XV (2012) 1-2, pp. 394-5, 397.

[94] G. BARATTA, *Gli affreschi a soggetto scrittorio della Villa del Giurista*, in questo stesso volume § I.5. *Gli oggetti di incerta lettura.*

In queste sale si tengono i conviti degli uomini, dato che nella società greca non c'era mai stato l'uso di far distendere (sui triclini) anche le madri di famiglia (per prender parte al banchetto). E i portici colonnati della casa (in greco) sono detti 'andronitidi', perché gli uomini vi si recano separatamente dalle donne. Inoltre a destra e a sinistra (dei portici) si costruiscono piccoli appartamenti dotati di proprie porte, di triclini e di comode stanze da letto, di modo che, quando arrivano ospiti forestieri, siano ricevuti non nei porticati ma in quelle foresterie. Infatti, al tempo in cui i Greci erano ben più raffinati e ricchi (di ora), per gli ospiti che arrivavano (da fuori) allestivano triclini, stanze da letto, dispense con scorte di viveri, e nel primo giorno li invitavano a cena, ma nel seguente mandavano loro polli, uova, verdure, frutta e tutti gli altri prodotti dei campi. **Per questa ragione i pittori chiamarono *xenia* quei doni che si usava mandare agli ospiti e che essi riproducevano nelle loro pitture.** Così i padri di famiglia (alloggiati) in tali foresterie non avevano la sensazione di stare fuori casa, perché godevano di ogni libertà, ma con assoluta riservatezza, all'interno di questi ospitali appartamenti. [5] Fra due portici colonnati e la foresteria per gli ospiti vi sono poi passaggi, che si dicono 'mesaule' perchè si trovano posti in mezzo a due aule, ma da noi (romani) si chiamano androni.

Così Eckstein commentava questo passo[95]: «La notizia di Vitruvio (VI, 7, 4) va interpretata nello stretto senso di questa parola [*xenia*], in relazione al fatto che, al secondo giorno di permanenza degli ospiti, l'anfitrione mandava usualmente degli alimenti nelle stanze degli ospiti affinché potessero prepararli personalmente. Ciò era inteso allo scopo che gli ospiti, i quali il primo giorno avevano mangiato alla mensa della casa, non fossero ostacolati nella loro libertà d'azione per l'ulteriore durata della loro permanenza e potessero disporre liberamente del loro tempo. Vitruvio riferisce anche sul genere di questi doni: pollame, uova, verdura, frutta e altri prodotti della campagna (*pullos, ova, holera, poma reliquasque res agrestres*) ed aggiunge la notizia che i pittori avrebbero rappresentato queste cose anche in dipinti (*picturis imitantes*) e che questi sarebbero stati chiamati *xenia*. Da questa notizia si deducono tre fatti: primo, che **i dipinti di *xenia* dovevano essere strettamente connessi con l'usanza dell'ospitalità; ciò significa che ornavano le piccole stanze appositamente costruite a destra e sinistra della casa greca, come *domuncolae*, per albergare gli ospiti**, o che ornavano forse soltanto le dispense. In secondo luogo, che difficilmente si può dare a questi dipinti un'interpretazione che non sia quella di illustrazioni di questi doni agli ospiti, dai quali hanno preso il nome. In terzo luogo, che **non doveva generalmente trattarsi di opere ad alto livello artistico, ma piuttosto di motivi decorativi.** Vitruvio non tramanda, infatti, alcun nome di pittore. Perciò appare assai improbabile la supposizione dello Schefold[96] che, dopo un piacevole trattenimento, gli ospiti o il padrone di casa avrebbero offerto questi dipinti come doni votivi. È dunque difficilmente ammissibile che si possa stabilire una qualche connessione diretta tra questi *xenia* e le nature morte della pittura romana, spesso dichiarate identificabili con dipinti di *xenia*».

---

[95] F. ECKSTEIN, s.v. *Xenia*, in *Enciclopedia dell'Arte Antica*, VII, Roma 1966; cfr. anche ID., *Untersuchungen über die Stilleben aus Pompeji und Herculaneum*, Berlin 1957, p. 31, cui rinvio per altra bibliografia. Cfr. anche in questo volume BARATTA, *Gli affreschi a soggetto scrittorio* cit., n. 59; S. FALZONE, *Gli affreschi frammentari dalla c.d. Villa del Giurista a Salone (Roma)* in questo volume, § 1, nn. 25-28.

[96] K. SCHEFOLD, *Pompejanische Malerei*, Basel 1952, p. 183 ss.

Anche Flavio Filostrato il Vecchio[97], nel descrivere nelle sue *Εἰκόνες* i dipinti che ammirava a Napoli sullo scorcio del III sec. d.C.[98], chiama *ξένια*, in quanto si usava offrirli agli ospiti, gli alimenti vegetali e animali rappresentati, sottolineando l'effetto illusionistico della pittura, così 'verista' nella sua *mimesis* da far sembrare reali i doni per gli ospiti, come se fossero loro offerti da parte dello stesso padrone della tenuta agricola, che si trovava invece ben lontano da lì: *Οἶμαι τὴν γραφὴν ἀποφέρειν τὰ ξένια ταυτί τῷ τοῦ ἀγροῦ δεσπότῃ*).

Il riferimento al *τοῦ ἀγροῦ δεσπότης* è sintomatico del fatto che anche nel mondo greco quelle pitture ornassero, più che le case di città, piuttosto le ville di campagna.

Negli affreschi del 40 a.C. l'unica rappresentazione rapportabile a tali *xenia* è la testa di gallo, oltre ovviamente le *offulae* e diversi fra i generi alimentari del *memorandum sumptuarium*; inoltre vi sono le *offulae* poste fra la pargamena e il dittico: dobbiamo però credere che si tratti solo della porzione superstite di un più ampio novero di simili doni. La villa suburbana dei *Mucii* non era dotata di peristilio in ossequio al tradizionale valore 'catoniano' e stoico dell'austerità dell'abitazione, ma le *domunculae* e i *cubicula* riservati agli ospiti, che altrove erano distribuiti attorno ai peristili, potevano trovarsi attorno all'atrio tetrastilo al primo piano e al secondo piano proprio nell'ampliamento edilizio di circa 200 mq eseguito nel 41, di cui rimane il pian terreno per magazzini, e conclusosi con la stesura degli affreschi nel 40 a.C.

Il riferimento all'ospitalità è anche implicito ma inequivocabile nella stessa data nundinale del 16 gennaio del *memorandum sumptuarium*, che indicava la possibilità di accrescere da tre a cinque il numero di ospiti estranei alla famiglia in base alle *lex Fannia.*

L'usanza, così diffusa nel mondo romano nello spazio e nel tempo, di offrire pietanze confortevoli (*xenia*) agli ospiti (*xenoi*) è in realtà di origine greca arcaica ed era in particolare riservata a ospiti pubblici, soprattutto di rango diplomatico, della *polis*: anche se le attestazioni riguardanti le abitazioni romane dimostrano la diffusione dell'usanza ormai anche a livello privato, nel caso di una villa come quella dei *Mucii Scaeuolae* sull'Aniene, appartenente a una *gens* connotata – prima e durante le tre generazioni che l'avevano abitata al momento della stesura degli affreschi nel 40 a.C. – dalla costante partecipazione ai livelli più elevati del *cursus honorum* urbano e dalla importante collocazione politica nella *nobilitas* senatoria, non escludo che gli *xenia* e lo stesso *memorandum sumptuarium* nel giorno delle Nundine, che consentiva l'incremento del numero degli ospiti, riguardasse personalità d'alto lignaggio, *uiri maximi*, ai quali rivolgere il 'messaggio pittorico' – se lo si può così chiamare – non solo dell'*hospitalitas* e della *frugalitas*, ma anche del passato familiare nella creazione e interpretazione del diritto.

Un numero scelto e ridotto, probabilmente a non più di cinque persone, di estranei, cui si rivolgevano gli affreschi dislocati parte negli ambienti di rappresentanza e parte nei corridoi e/o nei cubicula stessi riservati agli illustri ospiti.

---

[97] Philostr., *Imag.*, II 26, *Ξένια.*

[98] F. GHEDINI, *Filostrato Maggiore come fonte per la conoscenza della pittura antica*, «Ostraka» IX (2000) 1, pp. 175-197.

5.3. *L'attribuzione a un Mucio Scevola dell'invenzione della categoria di formule con* intentio certa.

5.3.1. *L'esibizione del dittico cerato con la 'formula di Mucio Scevola'.*

Fig. 37. Bassorilievo funerario raffigurante un macellaio che taglia la carne di maiale, mentre la moglie seduta scrive su un trittico esibente la tab. I pag. 2 e la tab. II pag. 3 cerate. Da Roma. Staatliche Kunstsammlungen Dresden, inv. Hm 418.

Un valore aggiunto alla eccezionalità degli affreschi sta nel fatto che le iscrizioni dipinte sono di un interesse fuori del comune anche per la conoscenza della storia della giurisprudenza: difatti nella rappresentazione dell'*instrumentum scriptorium* non sempre la scrittura è dipinta per essere intellegibile e, quando lo è, difficilmente reca nomi illustri o formule giuridiche. Questi affreschi, invece, raffigurano tabelle cerate, e di più ne ritraevano in origine, con nomi di giuristi celebri o, almeno per noi, meno famosi e due di esse, la cui immagine è la meglio conservata, compongono un dittico aperto, congiunte da una cerniera (fig. 39) e poggiate sul bordo d'un tavolino o mensola, con la prima pagina in penombra sul ripiano e la seconda, pendente dal bordo, in piena luce.

La rappresentazione di un dittico così aperto appare un *unicum* nella pittura, ma molto probabilmente tale non era, perché nella scultura etrusca tardo ellenistica e in quella romana – incluso l'esempio, coevo ai dipinti della Villa del Giurista datati al 40 a.C., del bassorilievo di *Paconius Caledus* (fig. 8) – il dittico aperto con la pagina 3 *pendens* è espediente tipico per esibire uno scritto sul quale richiamare l'attenzione.

Anche un bassorilievo del II sec. d.C. da Roma, ora nel Museo di Dresda (fig. 37)[99], raffigura un trittico esibito alla stesa guisa in mano a una donna seduta – moglie del macellaio antistante – mentre scrive sulla cera: in entrambi i casi i dittici sono anepigrafi, forse perché la scrittura era dipinta, o semplicemente perché era intuitivo che il contenuto fosse la contabilità rispettivamente della tenuta agricola e della macelleria.

Ancor più significativa, infine, l'esibizione di una tabella aperta nella cosiddetta 'Ara degli Scribi' degli edili curuli da Porta S. Sebastiano di Roma ora al Museo delle Terme di Diocleziano[100]: nel registro superiore due scribi seduti con calcei equestri sono intenti a consultare o a redigere grandi *tabulae*, mentre quello inferiore, che

[99] Inv. Hm 418; S.F. Schröder, *Katalog Nr. 34*, in D. Boschung, *Katalog der antiken Bildwerke.* IV. *Römische Reliefs, Geräte und Inschriften Skulpturensammlung Staatliche Kunstsammlungen Dresden*, München 2018, pp. 130-132, fig. 134.

[100] F. Zevi, in R. Friggeri – M.G. Granino Cecere – G.L. Gregori, *Terme di Diocleziano. La collezione epigrafica*, Milano 2012, pp. 355-361; P. Fioretti, *Scribae. Riflessioni sulla cultura scritta nella Roma arcaica*, in D. Bianconi, *Storia della scrittura e altre storie*, «Bollettino dei Classici» XIX (2014) Suppl., p. 351.

Fig. 38. Ara c.d. “degli scribi”. Nel particolare, il personaggio centrale mostra un dittico aperto. Roma, Museo delle Terme di Diocleziano.

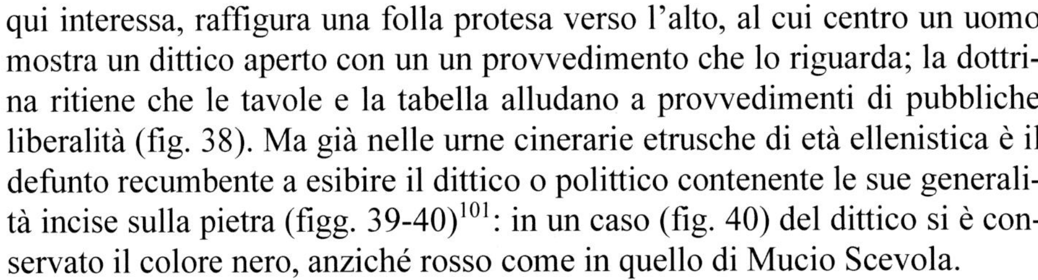

qui interessa, raffigura una folla protesa verso l’alto, al cui centro un uomo mostra un dittico aperto con un un provvedimento che lo riguarda; la dottrina ritiene che le tavole e la tabella alludano a provvedimenti di pubbliche liberalità (fig. 38). Ma già nelle urne cinerarie etrusche di età ellenistica è il defunto recumbente a esibire il dittico o polittico contenente le sue generalità incise sulla pietra (figg. 39-40)[101]: in un caso (fig. 40) del dittico si è conservato il colore nero, anziché rosso come in quello di Mucio Scevola.

Dunque, il pittore della Villa del Giurista si è avvalso di una nota convenzione figurativa per richiamare l’attenzione dello spettatore sul testo scritto nella rappresentazione della tabella cerata. Egli, tuttavia, ha piegato innovativamente questo *medium* usuale ad un contenuto e ad un messaggio peculiari, il cui contesto – papiri, denaro, tabelle cerate, *capsae* e *cistae* – potrebbe aver costituito il modello all’origine delle raffigurazioni pittoriche dell’*instrumentum scriptorium* che conosciamo dalle città vesuviane.

Sulla prima pagina che del dittico è rappresentata (tab. I p. 2: fig. 41) si legge in caratteri corsivi arcaici sul fondo purpureo della cera l’inizio comune a una serie di formule dell’Editto del *praetor urbanus*; non dunque una formula determinata, ma un prototipo categoriale – la cui generalità gli conferiva valore simbolico – consistente nella nomina (da parte del pretore) del giudice di una causa, senza però indicazione del nome personale e dunque in forma astratta: ***«Iudex*** vacat ***essto. | Sei parret» e || formula Mucci Scaeulae***[102]. Adotto qui, pienamente condividendola, l’acuta lettura in questo volume presentata da Mayer, che non espunge la *e* finale dopo *parret*, né dunque edita *parret*{*e*} come tutti avevamo fatto.

Figg. 39-40. Urne cinerarie di due giovani recumbenti (II sec. a.C.) che esibiscono tavolette cerate aperte, iscritte con le generalità del defunto. Volterra, Museo Guarnacci (vedi nota 101).

[101] *Gli Etruschi maestri di scrittura. Società e cultura nell'Italia antica*, Cisinello Balsamo (Milano) 2016, nr. 27, p. 167, con bibliografia; «Archeologia Viva» XXXV (2016) 178, p. 70. M. Cristofani, *Corpus delle urne etrusche di età ellenistica*, I. *Urne volterrane*, 1-2. *Il Museo Guarnacci*, Firenze 1977, nr. 66 (inv. 58), nr. 103 (inv. 85), nr. 140 (inv. 94), nr. 163 (inv. 126), nr. 203 (inv. 150), nr. 212 (inv. 552), nr. 213 (inv. 711). Ringrazio i Colleghi Giulio Facchetti e Mattia Maturo dell’Università dell’Insubria (Varese) per la ricerca bibliografica.

[102] Cfr. Mayer i Olivé, *Los Scaevolae* cit. a n. 8.

Tab. I pag. 2	IVDIIX IISSTO SIII· PARRIITII	*iudex .... essto* *sei· parret e*
Tab. II pag. 3	FORMVLA MVCCI·SCAIIVLAII	*formula* *Mucci·Scaeulae*

Invero sotto l'aspetto paleografico PARRIITII è scritto senza alcuna interpunzione, mentre nel dittico dipinto i segni di separazione sono normalmente usati, ma il testo non va comunque emendato perché si tratta evidentemente di un errore del pittore, forse un *graeculus* in scarsa familiarità con il latino, il quale ha mal copiato dalla 'minuta' del committente con il testo da trascrivere, scambiando l'indicativo presente III persona singolare *parret* per l'imperativo futuro II persona plurale *parrete*, così 'accorpando' la preposizione *e* (reggente l'ablativo *formulā*) al precedente *parret*. La lettura mayeriana avvalora l'esegesi che avevo data dell'intero testo, perché ora ne diviene inequivocabile il senso: *«Sia giudice* (della causa) ... *Se risulti provato ...»* [sono parole (del pretore) tratte] *dalla* || *formula di Mucio Scevola*. Vorrei anzi osservare che lo spazio fra '*iudex*' e '*sei parret*', apparentemente incongruo, in realtà non è tale né casuale, perché è chiaro che si volle imitare la tavoletta predisposta, nella realtà, per essere poi completata con il nome personale del giudice designato: ma tale aspetto, finora sfuggito all'attenzione di tutti, me incluso nell'*editio princeps*, lo tratterò a breve. Tornando ora, invece, alla preposizione *e*, essa dimostra che quanto avevo dedotto con un ragionamento storico-giuridico complesso è espressamente e semplicemente dichiarato nel testo: è infatti enunciato 'a chiare lettere' – mediante la *e* – che sia la *datio iudicis*, sia la

Fig. 41. Dittico della Formula di Mucio Scevola. *Dall'alto*: prima del restauro, dopo il restauro, in apografo con restituzione digitale.

protasi del periodo ipotetico costituente l'*intentio* sono tratte «dalla formula di Mucio Scevola» nata o divenuta pretoria. Tutti leggendo capivano che il testo doveva integrarsi così: *Si parret ... iudex condemnato, si non parret absolvito*, cioè «*Se è dimostrato che ... il giudice condannerà, se non è dimostrato assolverà*». Tale tipo di azioni del processo civile riservato a *ciues Romani* e *Latini* a esclusione dei *peregrini* è caratterizzato da *intentio certa*: la pretesa attorea determinata nell'oggetto esigeva l'esatta corrispondenza fra la richiesta e la prova che l'*actor* doveva fornire del suo diritto; ma se il *reus* provava che la pretesa era errata anche per un solo sesterzio, il giudice doveva assolverlo e l'attore perdeva la causa, mentre nei *bonae fidei iudicia*[103], accessibili anche ai *peregrini*, il giudice stabiliva un sia pur approssimativo ma equo risarcimento. L'uso semantico di *formula* nell'affresco è per noi piuttosto insolito, nonostante la ben nota polisemia del termine[104]: infatti qui non si tratta né della previsione edittale astratta di un caso giuridico, né tantomeno della formula di un caso concreto (c.d. *formula iudicium*) – con i nomi dell'attore e del convenuto personalmente comparsi – presentato alla cognizione del *praetor* e quindi al giudizio del *iudex*.

5.3.2. *La rivendicazione ad un Mucio Scevola dell'invenzione della categoria di formule con* intentio certa *e l'allusione alla sua risalenza all'origine dell'*agere per concepta uerba.

La 'paternità' dell'*incipit*, che distingue una intera categoria di azioni processuali, è attribuita nelle *tabulae ceratae* rappresentate in affresco a un Mucio Scevola, di cui è omesso il *praenomen*, mentre *nomen* e *cognomen* sono condivisi da almeno cinque giuristi fra il 225 e l'82 a.C.[105]: sapendo ora che gli affreschi furono realizzati nel gennaio 40 a.C., dobbiamo credere che venga qui esaltata una ben più antica 'gloria di famiglia', poiché l'introduzione delle formule con *intentio certa* è di sicuro ben più risalente rispetto a quell'anno.

Non tornerò in dettaglio sul problema dell'identificazione del Mucio autore della formula, ma vorrei ricordare il dilemma se qui si evochi un fatto storico o piuttosto come tale sia presentata una tipica 'invenzione annalistica'.

---

[103] J. PARICIO, *Genesi e natura dei «bonae fidei iudica»*, in *Atti Convegno «Processo civile e processo penale nell'esperienza giuridica del mondo antico» in memori a di A. Biscardi (Siena 13-15 dic. 2001)*, [Coll. RDR], Milano 2002, pp. 207-214, con bibliografia.

[104] Rinvio alla bibliogr. *apud* E. JAKAB e M. VARVARO (n. 38) in questo stesso voume, *cui adde* D. MANTOVANI, *Le formule del processo privato romano*, Padova 1992, p. 15; COSTABILE, *La scoperta* cit. a n. 2, p. 92.

[105] COSTABILE, *La scoperta* cit. a n. 2, pp. 101 ss., con cui conviene sostanzialmente VARVARO, *La* formula cit. a n. prec. § 13, mentre alternative che non mi persuadono sono prospettate da R. FERCIA; cfr. inoltre M.P. PAVESE in questo stesso volume. Per il rapporto con la *Lex Plaetoria de praetore Urbano* del 242 a.C. cfr. G. ROTONDI, *Leges publicae populi Romani*, Milano 1912, pp. 245-246; W. KUNKEL – R. WITTMANN, *Staatsprdung und Staatspraxis der römischen Republik* II. *Die Magistratur*, München 1995, pp. 121 e nota 67. Per il rapporto con la *lex Aebutia* COSTABILE, *La scoperta*, cit., p. 7 e ora VARVARO, *La* formula cit. a n. 86, n. 5; T. BEGGIO, *'Per legem Aebutiam et duas Iulias sublatae sunt istae legis actiones': alcune considerazioni sull'evoluzione dei 'iudicia legitima' a partire dalla 'lex Aebutia'*, in L. GAROFALO (cur.), *Il giudice privato nel processo civile romano. Omaggio ad A. Burdese*, Padova 2015, pp. 83 ss.; e sempre ROTONDI, *Leges*, pp. 305-307; F. WIEACKER, *Römische Rectsgeschichte*, I, *Einleitung. Quellenkunde Frühzeit und Republik*, München 1988, pp. 450-453; M. TALAMANCA, *Il riordinamento augusteo del processo privato*, in *Gli ordinamenti giudizizari di Roma imperial. Atti Conv. Romanistico Int. Copanello 1966*, a cura di F. Milazzo, Napoli 1999, pp. 63 ss.

Avevo già segnalato[106] l'acquisita consapevolezza storiografica della manipolazione della tradizione sul Q. Mucio Scevola *praetor* e poi *propraetor Sardiniae* nel 215-4 a.C. (*cos. designatus* nel 220), ad opera del suo discendente Publio (†115 circa a.C.), che come Pontefice Massimo è dalla dottrina prevalente ritenuto editore degli *Annales Maximi Pontificum*, o comunque manipolatore del loro testo: a lui, infatti, non a torto si ascrivono negli Annali Pontificali ben due invenzioni. La prima è la creazione 'fondativa' dell'aneddotto di Mucio Cordo, poi detto Scevola, che vorrebbe significare 'mancino' perché avrebbe impavidamente bruciato la mano destra con cui aveva fallito l'attentato a re Porsenna[107]; la seconda è il *transfert* dell'ambasceria a Cartagine nel 216, con il correlato episodio delle due tavolette per la pace e per la guerra, dal suo legittimo titolare, Q. Fabio Massimo *Cunctator*, al ben meno illustre antenato dei *Mucii Scaeuolae*, il Quinto eletto ma mancato console nel 220[108].

In analogia a tali precedenti, non può escludersi che l'attribuzione della categoria di formule con *intentio certa* a un almeno per noi 'indeterminato' Mucio Scevola sia il terzo falso compiuto da Publio nell'alterare gli Annali pontificali in pro d'un suo antenato e che l'affresco con il dittico cerato del 40 a.C. ne sia l'evocazione voluta da un discendente: l'autore della 'invenzione' della categoria di formule con *intentio certa* potrebbe, allora, essere stato indicato in quel nonno di Publio *Pontifex Maximus*, ascritto da Pomponio al novero dei *plurimi et maximi uiri* che *iuris ciuilis scientiam professi sunt*, e rappresentato come uno di quelli che *maximae dignationis apud populum Romanum fuerunt*, da menzionare perciò *ut appareat, a quibus et qualibus haec iura orta et tradita sunt*; ma non è escluso, nell'ipotesi di una falsa attribuzione ad un Mucio Scevola della *creatio* delle formule con *intentio certa*, che questi sia stato indicato – anziché nel pretore di Sardegna del 215 – piuttosto nel pretore urbano del 179 a.C. *P. Mucius Scaeuola* (*cos.* 175), che avrebbe potuto introdurre tale categoria[109], o al limite, restando nel vago, che si sia perfino alluso a un personaggio della *gens* non individuato.

---

[106] COSTABILE, *La scoperta* cit. a n. 2, pp. 102 ss.

[107] Cfr. COSTABILE, *La scoperta* cit. a n. 2, p. 101. «Va detto che il fenomeno della falsificazione dei dati storiografici o della loro vera e propria invenzione era diffuso in generale nell'annalistica romana e ha dato luogo a una manipolazione piu o meno profonda nella rappresentazione *a posteriori* della storia arcaica di Roma, su cui la moderna storiografia romanistica e la giusromanistica si esercitano da oltre un secolo con progressivo affinamento del metodo e degli strumenti d'indagine»: R. LAURENDI, *«Leges regiae» e «ius Papirianum». Tradizione e storicità di un «corpus» normativo*, Roma 2013, pp. 39-64 (*I "primordia civitatis" tra mito e storia nella rappresentazione politica di età repubblicana*), con esaustiva bibliogr. e analisi del dibattito critico; M. RUSCONI, *Le notizie romane di Diodoro e gli "Annales Maximi". L'ideale della repubblica senatoria*, in M. SORDI (cur.), *Storiografia e propaganda*, Milano1975, pp. 105-110; J. RÜPKE, *Livius, Priesternamen und die Annales Maximi*, «Klio» LXXV (1993), pp. 176-179 [= ID., Fasti sacerdotum. *Die Mitglieder der Priesterschaften und das sakrale Funktionspersonal römischer, griechischer, orientalischer und jüdisch-christlicher Kulte in der Stadt Rom von 300 v. Chr. bis 499 n. Chr.*, III. *Quellenkunde und Organisationsgeschichte. Bibliographie, Register*, Stuttgart 2005, pp. 1497-1500]; U. WALTER, Memoria *und* res publica. *Zur Geschichtskultur im republikanischen Rom*, München 2004, pp. 199; specificamente ZANIN, *Il triumviro monetale Cordus* cit. a n. 36, pp. 97-98 e n. 45 con acume nell'esame della dottrina; F. NASTI, *Q. Mucius Scaevola (praet. 215)*, in AA.VV., *Antiquissima iuris sapientia. Saec. VI-III a.C.* [*SIR* 3], Roma 2019, p. 261 con fonti e bibliogr.

[108] A Q. Mucio, inviato loro come legato, i Cartaginesi mostrarono due tavolette, una con la proposta di pace e l'altra di guerra, e gli fu data facoltà di scegliere quella che fra le due avesse voluto portare a Roma; Quinto allora, sollevatele entrambe, dichiarò che erano i Cartaginesi a dover chiedere quale tra le due preferissero ricevere.

[109] Cfr. COSTABILE, *La scoperta*, p. 103 e n. 192 con bibliografia.

Di recente è stato vagliato anche Pomponio, *l.s. enchir.* D. 1.2.2.39: *post hos fuerunt Publius Mucius et Brutus et Manilius, qui fundauerunt ius civile. ex his Publius Mucius etiam decem libellos reliquit, Brutus septem, Manilius tres*, per proporre che, nell'attribuire a Publio la 'rifondazione'[110] del *ius ciuile*, l'uso non del sostantivo *libri*, ma *libelli*, «non altrimenti utilizzato nell'opera … potrebbe far pensare che in tali *libelli* fossero contenute delle formule processuali»[111]. In verità «è difficile dire se abbia un senso particolare l'uso della forma diminutiva [*libelli*] per alludere alle opere dei tre giuristi di cui qui si parla. Nell'*Enchiridion* essa e impiegata solo in questa occasione: le opere di tutti gli altri giuristi vengono indicate da Pomponio come *libri*» e Cicerone chiama indifferentemente ora *libelli* ora *libri* quelli di Bruto *de iure ciuili* e quelli di P. Mucio[112]: dunque, benché l'ipotesi che i *libelli* potessero contenere formule non sia peregrina, non abbiamo neanche la certezza che si trattasse di scritti più brevi rispetto ai *libri*.

Del resto, se si accoglie la possibilità di una manipolazione degli Annali da parte di Publio per attribuire ad un suo antenato la creazione del tipo di formula con *intentio certa*, è chiaro che Publio stesso non ne sia stato autore; se invece si pensa a un dato storico, anche Publio Pontefice Massimo può esser preso in considerazione nel novero.

Certo è che la convinzione, fondata o meno che fosse, che un Mucio Scevola avesse 'pensato' il *genus* dell'*intentio certa* era ormai radicata nel 40 a.C., se un discendente di Publio e di Quinto, *pater* e *filius* entrambi Pontefici Massimi e giuristi, volle celebrarla commissionando gli affreschi a circa tre quarti di secolo dalla morte del primo e a 42 anni dall'assassinio del secondo.

A chiunque voglia pensarsi come autore, il problema della 'paternità' della 'formula di Mucio Scevola' va comunque rapportato alla controversa cronologia e al contenuto delle *leges Silia* ed *Aebutia*[113] e l'arco di tempo in cui le formule con *intentio certa* furono concepite sembra approssimativamente circoscrivibile fra gli ultimi decenni del III e i primi del II secolo a.C. Non si può infatti escludere che le formule con *intentio certa* risalgano ad epoca precedente sia a Publio (†115 a.C.) sia a Quinto (†82 a.C.) e, se la loro attribuzione a un Mucio non è un'invenzione, vadano ascritte a un giurista di quella *gens* operante negli anni 225-175 a.C. circa[114], con l'innovativo uso della scrittura nel processo civile romano in luogo dell'oralità delle cinque *legis actiones* arcaiche, facilmente memorizzabili ma inadeguate alla molteplicità dei casi, gradatamente soppiantate dal ricorso all'*agere per formulas*, com'è puntualizzato in questo stesso volume nel saggio di Rossella Laurendi su oralità e scrittura nel processo civile romano.

---

[110] Sul significato di *fundare* in questo contesto cfr. letteratura in COSTABILE, *La scoperta* cit. a n. 2, p. 104 n. 195.

[111] F. BERTOLDI, *Il ruolo del pretore e dei giuristi nell'evoluzione del processo formulare alla luce della Formula Muciana*, in *Studi in ricordo di C.A. Cannata*, a cura di L. Garofalo e L. Vacca, Napoli 2021, p. 39.

[112] C.A. CANNATA, *Per una storia della scienza giuridica europea*, I. *Dalle origini all'opera di Labeone*, Torino 1997, p. 223 e n. 40; Cic., *De or.* II 54, 223-224 (Bruto) e 56, 240 e 57, 242 (Mucio). Cannata osserva anche che «in Cic., *top.* I, 1, *libelli* (*libellos*) è usato come diminutivo pleonastico».

[113] ROTONDI, *Leges*, pp. 261, 532 data la *lex Silia* ante 204 a.C., e agli anni 149-125 la *lex Aebutia de formulis* (sulla quale vedi sopra, nota 87); pp. 448-450 *lex Iulia iudiciorum* del 17 a.C. Per la bibliografia e la dottrina sulla *lex Aebutia* rinvio sinteticamente a n. 105 e a R. SANTORO, *Per la storia dell'*obligatio, I, Palermo 2020, p. 331 n. 1196, e per l'*agere per concepta uerba* p. 405 ss.

[114] In questo stesso volume G. Valditara, nel suo saggio (n. 36), non esclude perfino una cronologia più risalente, considerato che la perdita della seconda deca di Tito Livio ci priva di notizie dei Mucii prima del III secolo.

Fig. 42. Gaetano Mancuso (1937-2006)

Difatti, la deduzione più rilevante, sotto il profilo giuridico, dell'avere stabilito la cronologia degli affreschi al 40 a.C. risiede nell'intento arcaizzante della denominazione *formula Muccii Scaeulae*, con ricorso al genitivo del nome dell'autore, anziché al più 'moderno' *formula Muciana*, con l'uso aggettivale, come magistralmente dimostrato da Marco Pavese[115]. Conferma all'intuizione pavesiana si ha negli arcaismi linguistici, rispetto alla cronologia del 40 a.C., puntualizzati da M. Antonietta Calabrò[116], ma soprattutto nella stessa morfologia rappresentata nel 40 a.C. per il dittico cerato, dove sono scritte *graphio*, nella finzione artistica, le parole della formula di Mucio Scevola: vediamo come.

Anzitutto Gaetano Mancuso provò nel 1983, attraverso una intelligente analisi delle fonti, che non esisteva in origine un albo edittale unitario e dealbato in parete, ma che i singoli editti giurisdizionali, scritti probabilmente *graphio* o *atramento* su tavolette di legno, erano promulgati in corso d'anno e resi pubblici mediante banditori, restando, com'è verisimile, consultabili[117]: nelle fonti *edictum* e *formula* astratta sono usati come sinonimi, perché la *formula* era scritta su tabelle cerate e promulgata come *edictum*.

Aggiungo che la notizia gelliana (*N.A.* XI 17) sugli editti degli antichi pretori, custoditi nella biblioteca del tempio di Traiano a Roma, conferma pienamente la dimostrazione che Mancuso aveva dato: Gellio scrive che fra gli *edicta ueterum praetorum* ne aveva ritrovato uno fra i più antichi (*in quodam edicto antiquiore*) *de fluminibus retandis*, sull'appalto pubblico a privati per il dragaggio dei fiumi; esso consisteva in una formula processuale data dal pretore per il caso d'inadempimento contrattuale dell'appaltatore: *Qui flumina retanda publice redempta habent, si quis eorum ad me eductus fuerit, qui dicatur quod eum ex lege locationis facere oportuerit non fecisse*.

Roberto Viganò aveva nel 1969[118] dimostrato che il 54 a.C., anno in cui i censori si occuparono della terminazione del Tevere, va considerato il termine *ante quem* per quell'*edictum de fluminibus retandis*, che a lui sem-

---

[115] Vedi M. Pavese, *Formula Mucci: riflessioni su un genitivo e suo significato storico*, *supra*, in questo volume.

[116] M.A. Calabrò, *Nota linguistica sul latino delle iscrizioni dipinte della Villa di Mucio Scevola*, in questo stesso volume.

[117] G. Mancuso, Praetoris edicta*. Riflessioni terminologiche e spunti per la ricostruzione dell'attività edittale del pretore in età repubblicana*, «AUPA» XXXVII (1983), pp. 305-443, apparso anche come monografia per i tipi Palumbo, Palermo 1983, pp. 1-139 [del tutto a torto poco visitato nella letteratura, malgrado la recensione di C.A. Cannata, «*Iura*» XXXIV (1983/1986), pp. 205-208, ad eccezione di F. Bertoldi, *Il ruolo del pretore* cit. a n. 111, pp. 38 (nn. 67, 69), 42 (n. 86), 43 (n. 95, 97-99)].

[118] R. Viganò, *Sull'«edictum de fluminibus retandis»*, «*Labeo*» XV (1969), pp. 168-177; B. Albanese, *L'*edictum vetus *su* Qui flumina retanda publice redempta habent, «AUPA» XLI (1991), pp. 17-29 = Id., *Scritti Giuridici*, II, Palermo 1991, pp. 1735-1745 considera (pp. 23, 28 = 1739, 1744) l'editto ascrivibile al II sec. a.C. o «a media età repubblicana» ed esamina le citazioni della letteratura scientifica del XIX e della prima metà del XX secolo (ma non conosce il saggio del Viganò del 1969); cfr. anche A. Trisciuoglio, *Sulle sanzioni per l'inadempimento dell'appaltatore di ultrotributa nella repubblica e nel primo principato*, in AA.VV., *I rapporti contrattuali con la pubblica amministrazione nell'esperienza storico giuridica*, Napoli 1997, pp. 226-228 (bibliogr. completa fino all'epoca a n. 79); A. Mateo, *Nota sobre la concurrencia de*

brava databile a fine II sec. a.C. Non saprei se l'aggettivo *ueteres* usato da Gellio per i pretori alluda a un'epoca anteriore alle *leges iudiciariae Aebutia* e *Iulia*, ma il termine *ante quem* va comunque anticipato dal 54 a.C. alla *lex Cornelia de iurisdictione* del 67 a.C. [119], che vietò di promulgare editti *repente* (i c.d. *edicta repentina*) e rese così *perpetuum* l'editto pretorio per il tempo di un anno.

Prima, infatti, un editto perpetuo come unico testo non esisteva, ma singoli editti erano di volta in volta promulgati dai pretori in corso d'anno ed erano stati essi, a mio modesto parere, a generare l'*agere per formulas*, sia che i pretori recepissero una formula suggerita da un giurista, sia che la concepissero di propria iniziativa, alternativa che si pone anche per la 'formula di Mucio Scevola': la raccolta degli editti, scritti su tabelle cerate, che si usava *tradere* da un magistrato all'altro divenne dopo il 67 a.C. l'*edictum perpetuum* e in gran parte *tralaticium* o *translaticium*, cioè il testo ormai dipinto su una parete e reso dalla *lex Cornelia de edictis* immodificabile durante l'anno di carica del magistrato.

Tenuto conto di ciò, ben si comprende come l'*edictum* contenente la singola formula *de fluminibus retandis*, dichiarato da Gellio uno dei più antichi (*antiquius*) e attribuito a uno dei *ueteres praetores*, fosse certamente scritto su tavolette cerate, come gli altri custoditi nella biblioteca traianea e considerati antichi perché anteriori a quell'*edictum* perpetuo e tralatizio, che dopo il 67 a.C. era certamente ormai dipinto su grandi tavole affisse o direttamente scritto *in parastatica* sulle pareti dealbate della basilica giudiziaria.

Come invece fossero 'raccolti' per la consultazione gli editti prima del 67 a.C. lo apprendiamo da Cicerone, *in Verrem* II 3,10.26, che ci informa come ciascun *edictum* promulgato dal *propraetor Siciliae* (73-71 a.C.) fosse scritto su *tabulae* e che poi diversi *edicta* fossero 'rilegati' in un *codex*. Cicerone non dice se si trattasse di *tabulae ceratae* o *dealbatae*, ma il fatto che lo scriba stesso ne desse pubblicità leggendole *ex codice*, ad alta voce fungendo da *praeco* o banditore, fa comunque pensare ad una maneggevolezza nel trasportarle difficilmente immaginabile per grandi tavole da affissione.

Dunque è probabile che le formule concepite dal pretore fossero dapprima scritte su tabelle cerate e rese subito pubbliche da un banditore (o *scriba-praeco* come Cic. *Verr.* II 3,10.26) e soltanto successivamente *in albo propositae*, secondo l'espressione usata – una ventina d'anni dopo la *lex Cornelia de iurisdictione* del 67 a.C. – nella *lex* (*Rubria*) *de Gallia Cisalpina* (*post* 49 / *ante* 41 a.C.) alle linee 34-35[120] per il *praetor peregrinus*.

---

competencias entre los magistrados romanos y su tratamiento jurisprudencial, in *Homenaje a Luis Rojo Ajuria. Escriros Jurídicos*, Santander 2002, pp. 407-408; L. MAGANZANI, *Le inondazioni fluviali in Roma antica: aspetti storico-giuridici)*, in *Revisione ed integrazione dei* Fontes Iuris Romani Anteiustiniani (FIRA). *Studi preparatori*, a cura di G. Purpura, Torino 2012, pp. 96-97; M. DE NONNO, Vetustas *e* antiquitas, veteres *e* antiqui *nei grammatici latini*, in S. ROCCHI – C. MUSSINI (eds.), Imagines Antiquitatis: *Representations, Concepts, Receptions of the Past in Roman Antiquity and the Early Italian Renaissance*, Berlin – Boston 2017, pp. 213-247.

[119] ROTONDI, *Leges*, p. 371. Cfr. A.M. GIOMARO, *Per lo studio della* lex Cornelia de edictis *del 67 a.C.: la personalità del tribuno proponente, Gaio Publio Cornelio,* «Studi Urbinati» XLIII (1974-75), pp. 269-325.

[120] La datazione della *lex Rubria de Gallia Cisalpina* oscilla, nella valutazione della letteratura storica, fra il 49 e il 41 a.C.: si vedano (incluso il *Fr. Atestinum*) *CIL* I² 592 e 600-601; *CIL* XI 1144 e 1146; *FIRA* I 19; cfr. M.W. FREDERIKSEN, *The* Lex Rubria*: Reconsiderations*, «Journal Roman Studies» LIV (1964) 1-2, pp. 129–134; G. NEGRI, *In margine alla* Lex Rubria de Gallia Cisalpina, in *Studi in onore di E. Nasalli Rocca*, Piacenza 1971, pp. 414-416; U. LAFFI, *La* Lex Rubria de Gallia Cisalpina, «*Athenaeum*» LXIV (1986), pp. 5–44, ed ancora

Se ancora molti secoli dopo, nel 318 d.C., le copie private tratte da un *edictum* imperiale *de ueteranis* erano redatte su tavolette lignee, scrivendo o ad inchiostro col calamo oppure con lo stilo sulla cera liquida colorata (encausto)[121], la rappresentazione del dittico di Mucio Scevola ci induce a pensare che per gli *edicta* repubblicani la modalità preferita fosse non quella delle tavolette scritte *atramento* sulla superfice lignea, ma quella delle *cerae* incise con lo *stilus*.

In conseguenza di quanto finora esaminato, si deve concludere che l'affresco del dittico di Mucio Scevola raffigura, nel 40 a.C., una forma di *instrumentum scriptorium* per quel genere di contenuto giuridico-processuale ormai in disuso da 27 anni, così volendo significare allo spettatore l'antichità, l'appartenenza a un 'altro' tempo, della tipologia formulare escogitata.

Inoltre, nel contesto semiologico e semantico ricostruito, lo spazio lasciato vuoto dopo *iudex essto* e prima di *sei parret*, indica l'intento di rappresentare il modello reale di una formula predisposta per essere poi completata con l'aggiunta del nome personale del giudice designato dal magistrato su indicazione delle parti.

Dato che la *formula Mucii Scaeuolae* rappresenta l'archetipo delle formule con *intentio certa*, se si intendeva rivendicare ad un Mucio Scevola la loro 'invenzione' e la connessa introduzione della scrittura nel processo, probabilmente con ciò ci si attribuiva il 'merito storico' dell'istituzione stessa dell'*agere per formulas inter ciues Romanos*: dunque bisogna pensare che tale tipologia di *actiones* fosse, nel processo formulare, quella più antica.

Ora, se la *legis actio per condictionem* per un *certum* è la più recente delle *legis actiones*, la *condictio* formulare istituita dalla *lex Silia* per la *certa pecunia* – poi estesa alla *certa res* dalla *lex Calpurnia*[122], stando alle *Institutiones* gaiane IV 19 – ad alcuni è sembrata derivare da quella *legis actio per iudicis arbitriue postulationem*, alla cui 'evoluzione' una parte autorevole della dottrina romanistica risalente soleva ascrivere l'origine stessa del processo formulare[123].

ID., *Di nuovo sulla datazione del* fragmentum Atestinum, «*Athenaeum*» LXVIII (1990), pp. 167–175; G. BRUNAZZI, *Aspetti paleografici e linguistici della 'Lex Rubria de Gallia Cisalpina'*, «Archivio Storico per le Province Parmensi» XLII (1990), pp. 451-462; M.H. CRAWFORD (ed.), *Roman Statutes*, London 1996, nr. 16 e 28; G. MAININO, *Studi sul* Caput XXI *della* Lex Rubria de Gallia Cisalpina, Milano 2012, pp. 23 s. (per la questione cronologica); vedi inoltre G. KANTOR, *Lex (Rubria) de Gallia Cisaplina*, Published online 24 October 2018, scaricabile dal sito https://doi.org/ 10.1093/acrefore/978019938 1135.013.8269; ed ora da ultimo anche R. SANTORO, *Per la storia dell'*obligatio, I, Palermo 2020, p. 322.

[121] *CTh.* VII 20.1 Krüger: *Veteranis ... certa per edictum indulsimus quae scribendi tabulis uel encausto et cerussa conscribere detur eis licentia.* Cfr. P. MARI, *La pratica della scrittura nell'esercito romano*, in *Atti Accademia Romanistica Costantiniana*, XXIV. *Militia inermis* e *militia armata*, Perugia 2021, p. 180.

[122] B. ALBANESE, *Per la storia del* creditum, «AUPA» XXXII (1971), pp. 1-178, pensò che la *lex Calpurnia* riferisse l'estensione della *certa pecunia* alle cose di *species* e non alle cose fungibili, mentre Santoro, fondandosi sull'espressione gaiana *omnis certa res*, ha pensato più propriamente al«l'impiego della *legis actio per condictionem* per debiti di una qualsiasi *certa res*, fungibile o no»: sulle *leges Silia* e *Calpurnia* v. R. SANTORO, *Per la storia dell'*obligatio, I, Palermo 2020, p. 302 ss., 317.

[123] Vedi V. ARANGIO-RUIZ, *Istituzioni di diritto romano*, Napoli 1960[14], pp. 121-123, con nota 1 a p. 121 e con nota 1 a p. 122 (ivi letteratura e dottrina).

Fig. 43. Alan Watson (1933-2018)

Se Alan Watson si era limitato a costatare che le cronologie tramandate con certezza per l'Editto pretorio non sono precedenti al I sec. a.C.[124], Bernardo Albanese propose una ben più antica, ancorché indefinita, datazione della *lex Calpurnia*, dissertando con convincenti argomenti per «la valida presunzione d'una certa risalenza del titolo edittale»[125] *de rebus creditis*, alludendo a «una età più antica»[126] e ad un'epoca «alquanto risalente»[127]. La cronologia delle due leggi è invero incerta perché Gaio ne tace, e l'opinione prevalente che data la prima attorno al 250 a.C. e la seconda mezzo secolo dopo è, in fin dei conti, convenzionale. Recentemente, inoltre, è stato riproposto, sulla base di un passo di Quintiliano (*Inst. or.* IV 2, 20-21), che la *condictio certae creditae pecuniae* abbia «un collegamento-dipendenza ... dall'antica *legis actio per iudicis arbitrive postulationem* (da quel *petere ex stipulatione*)», con una «equivalenza fra *petere* e *intendere*», da cui la *intentio*, equivalenza che sembra supportata da Gaio[128].

Vorrei anche ricordare che la *communis opinio* che fa risalire al *praetor peregrinus* l'origine del processo formulare è fondata su una 'logica' su supposizioni, che una parte della dottrina ha contestato con diverse argomentazioni, attribuendo invece a quel *praetor*, che poi – solo dopo l'istituzione del *pergrinus* nel 242 a.C. – fu detto *urbanus*, la 'creazione' del processo formulare *per concepta uerba*[129].

L'attribuzione all'iniziativa del *praetor urbanus* dell'origine dell'*agere per formulas* potrebbe uscire rafforzata dall'esegesi che qui si propone, ovviamente in via euristica, di una rappresentazione 'propagandistica' della Formula di Mucio Scevola quale primo esempio del processo formulare e del 'valore dispositivo' o della 'efficacia costitutiva' che la scrittura in esso assumeva[130] con creativa innovazione rispetto alle *legis actiones*; e per converso quell'attribuzione contribuisce a cogliere compiutamente il messaggio figurativo.

---

124 A. WATSON, *The development of Praetor's Edict*, «JRS» LX (1970), pp. 105 ss. Anche C. GIACHI, *Storia dell'editto e struttura del processo in età pre-adrianea*, in *Atti Convegno 'Processo civile e processo penale nell'esperienza giuridica del mondo antico' (Pontignano 13-15 dicembre 2001)*, Milano 2011, pp. 113-128.

125 ALBANESE, *Per la storia del* creditum cit. a n. 124, p. 88.

126 ALBANESE, *Per la storia del* creditum cit. a n. 124, p. 85.

127 ALBANESE, *Per la storia del* creditum cit. a n. 124, p. 82.

128 Rinvio sinteticamente alla trattazione di M.L. BICCARI, *Dalla pretesa giudiziale* cit., pp. 193 ss. (citazioni da p. 194-195) e note 157-158. Sul 'passaggio' dalla *legis actio per condictionem* alla *condictio* formulare, e sulle *leges* Silia e Calpurnia rinvio alla magistrale e particolareggiata trattazione di A. SACCOCCIO, *Si certum petetur* cit., pp. 2-97; ora SANTORO, *Per la storia dell'*obligatio, I, Palermo 2020, pp. 223 ss.

129 La questione è discussa dettagliatamente da N. BELLOCCI, *La genesi della litis contestatio nel procedimento formulare, Napoli* 1965, pp. 53 ss. (benché l'Autrice sposi la tesi dell'origine presso il *praetor peregrinus*).

130 Rinvio a R. LAURENDI, *Oralità e scrittura nel processo civile romano: i documenti della prassi e la* Formula Muccī Scaev<o>lae, e, soprattutto per il parallelo nel diritto criminale, I. FARGNOLI, *Nel prisma degli studi sul processo romano. Il dissidio scientifico tra Moriz Wlassak e Philipp Lotmar*, entrambe in questo stesso volume.

Fig. 44. Bernardo Albanese (1921-2004)

Non mi stupirei, quindi, se la rappresentazione pittorica della Formula Muciana, in un contesto di *instrumenta scriptoria* esibiti in modo spettacolare negli affreschi della Villa di Q. Mucio Scevola, alludesse alla nascita, o meglio alla 'creazione', del processo formulare con *actiones* caratterizzate da *intentio certa* ed esperibili solo *inter ciues Romanos*, attribuendola ad un antenanto del costruttore della Villa. Di tutto ciò abbiamo per la prima volta documentazione pressoché contemporanea, precedente di svariati secoli a tutte le notizie che del processo formulare ci erano giunte.

Il programma pittorico costituisce dunque la celebrazione di 'glorie di famiglia' nella tradizionale severità dei costumi e nella creatività della giurisprudenza, com'è anche detto in particolare nella relazione di Paola Biavaschi. Il committente degli affreschi, probabilmente figlio o piuttosto nipote di Quinto Mucio Scevola, di fronte ai dotti frequentatori della villa ereditata dal padre o dal nonno, sembra averne voluto rivendicare sia l'austerità catoniana e lo 'stile di vita' stoico, sia il retaggio intellettuale dei suoi più remoti antenati e il primato di famiglia, un primato 'nobiliare' peculiare degli appartenenti allo stesso *splendidissimus ordo*, nell'invenzione del nuovo tipo di processo scritto, che soppiantava, sempre di più proprio in quegli anni, l'arcaica oralità delle *legis actiones*.

Pochi anni prima, Pompeo e successivamente Cesare avevano infatti meditato una profonda riforma e razionalizzazione del diritto civile sulla base dell'equità e soprattutto, per quel che qui interessa, la *compositio edicti*, un controllo e una edizione ufficiale dell'*edictum tralaticium* venuto a formarsi dopo la *lex Cornelia* del 67 a.C., di cui il dittatore aveva dato incarico ad Aulo Ofilio, un cavaliere[131]: questi, dopo il Cesaricidio, non aveva potuto ultimare l'opera comunque già intrapresa, ma il monopolio della *nobilitas* senatoria patrizio-plebea nella creazione e nell'interpretazione del diritto era stato per la prima volta, e ormai per sempre, infranto in favore della compartecipazione del rampante *ordo equester*.

Quinto, il Pontefice Massimo (†82 a.C.), quando era stato proconsole d'Asia dopo il suo consolato del 95 e prima che scadesse il quinquennio nel 90, non aveva esitato a colpire duramente le grassazioni dei cavalieri esattori delle imposte a danno della sua provincia[132], senza i riguardi loro riservati più tardi dall'esitante Cicerone, e l'*ordo equester*, scaduto il mandato proconsolare, si era vendicato con false accuse di estorsione contro il suo più stretto collaboratore nel governo provinciale e nell'azione contro i publicani, quel *P*(*ublius*) *Rut*[*ilius Rufus*], anche lui illustre giurista, e autore altresì di quella *formula Rutiliana* così bene inquadrabile nella concezione della *intentio certa*, il nome del quale leggiamo in un frammento di affresco della Villa.

[131] Vedi sopra, note 33 e 115.

[132] J.-L. FERRARY, *Introduzione* ... cit. (a n. 36), pp. 11-21.

L'accorata difesa di Quinto Mucio non gli aveva risparmiato un'ingiusta condanna *de repetundis* da parte di giurati corrotti e partigiani, né l'esilio a Smirne, dove nel 78 a.C. ricevette la visita di Cicerone, ma P. Rutilio Rufo, riabilitato *post mortem*, era venerato come un'icona di Socrate, vittima dell'ingiustizia, nell'immaginario collettivo[133]: le grandi *tabulae* che nell'affresco ne recavano il nome non potevano contenere in sé la *formula Rutiliana*, che sarebbe entrata in un dittico di una decina di cm di lunghezza, come quello di Mucio Scevola; esse, la cui dimensione e il cui cui tipo sono stati oggetto dei confronti e dell'acribia di Umberto Pappalardo, che ne ha riconosciuto l'uso per documenti pubblici[134], dovevano contenere molto probabilmente qualcosa di legato alla vicenda da lui vissuta.

L'altezzosa coscienza dell'appartenenza alla *nobilitas* da parte della *gens Mucia* si poteva così ammantare di un'integrità degna dei *mores maiorum*, che la poneva al di sopra delle bassezze morali e della criminalità dei *publicani* nell'esazione delle imposte provinciali.

L'acredine fra la grande famiglia della *nobilitas* senatoria patrizio-plebea e l'ordine equestre sembra dunque essere divenuta 'ereditaria' ed essere stata tramandata dalla memoria di Publio Rutilio Rufo, perpetuata, accresciuta e rivalutata nel tempo: se ho visto giusto, Quinto Mucio Scevola, che fu *trib. pl.* nel 54 e *augur* nel 49 – del quale il proconsole d'Asia e Pontefice Massimo era stato nonno ed omonimo – era amico di quel Caio Rutilio ricordato da Cicerone, figlio o nipote di P. Rutilio Rufo: è dunque possibile che anche per questo Publio Rutilio fosse ricordato nel programma di glorificazione attuato negli affreschi. Anzi, la recentissima proposta mayeriana[135] di riconoscere nel Quinto tribuno del 54 uno dei *logistorici* varroniani, rifererendogli un'epigrafe tardorepubblicana di *Tarraco*, valorizza ancora di più la possibilità che sia stato proprio lui il committente degli affreschi, in quanto la prova dei suoi interessi storici verrebbe ad aggiungersi con peso non indifferente agli indizi di prova fin qui esaminati: era questo il modo di segnalare agli illustri frequentatori della dimora muciana che non bisognava dimenticare i meriti della famiglia e della nobiltà senatoria di fronte all'emergente ceto equestre; costatiamo anche che il ciclo pittorico del 40 a.C. non riflette alcuna eco dei conflitti intestini al secondo triumvirato, ma è inteso alla rievocazione – politicamente innocua nei frangenti del conflitto fra Antonio e Ottaviano sfociato nel *bellum Perusinum* del 41 – di un tempo remoto, che proseguiva tuttavia nel presente.

A fronte della recente perdita del monopolio giurisprudenziale dovuta, durante la dittatura cesariana, all'incarico conferito all'equestre Aulo Ofilio di revisionare la composizione dell'editto giurisdizionale[136], l'affresco

---

[133] Cic., *Brutus* 115; Liu., *Per.* 70. Cfr. M. BRETONE, *Tecniche e ideologie dei giuristi romani*, Bari 1982², p. 69 (fonti a n. 17).

[134] U. PAPPALARDO, *Novità nello scriptorium dei Romani*, in questo stesso volume.

[135] M. MAYER I OLIVÉ, *El logistoricus Scaevola de Marco Terencio Varrón* cit. a n. 88.

[136] Cfr. sopra, nota 33. Pomp. *l.s. enchir.* D. 1.2.2.44: *... ex his auditoribus plurimum auctoritatis habuit Alfenus Varus et Aulus Ofilius, ex quibus Varus et consul fuit, Ofilius in equestri ordine perseuerauit. is fuit Caesari familiarissimus et libros de iure ciuili plurimos et qui omnem partem operis fundarent reliquit. nam de legibus uicensimae primus conscribit: de iurisdictione idem edictum praetoris primus diligenter composuit, nam ante eum Seruius duos libros ad Brutum perquam breuissimos ad edictum subscriptos reliquit.* Cfr. COSTABILE, *La scoperta* cit. a n. 2 [*L'attività giurisprudenziale di Quinto fra i principi di certezza formale del diritto e buona fede alla luce della formula Muciana (e la sua 'rappresentazione sim-*

rivendicava invece che gli 'atti fondativi' della nuova forma di processo *inter ciues Romanos* andavano ascritti a un Mucio Scaevola. Si apre così una finestra su una realtà finora sconosciuta, e la tradizione giurisprudenziale della famiglia dei *Mucii Scaeuolae*, che sapevamo orientata sui principi di equità e di buona fede, rivela adesso fin da un'età molto più risalente, una grande attenzione all'opposto severo e formalistico principio di certezza (*uerum*) del diritto, che ancor oggi chiamiamo *ius strictum*[137].

Felice Costabile

Ordinario di Diritto Romano nel Dipartimento di Eccellenza di Giurisprudenza, Economia e Scienze Umane - Università Mediterranea di Reggio Calabria
Ἐπίτιμον Μέλος τῆς ἐν Ἀθήναις Ἀρχαιολογικῆς Ἑταιρείας
Mitglied des Deutschen Archäologischen Instituts

felice.costabile@unirc.it

ORCID 0000-0003-4223-5505

ABSTRACT

The excavation of the villa in the 'Salone' area is examined to recognize the the owners who commissioned the three main construction phases (around 150 - 40 BC). We then proceed with the analysis of the *memorandum sumptuarium* painted on a wall and ascertain its chronology as of January 16, 40 BC, which also dates the frescoes with the formula of Mucio Scevola and the building extension of the villa. The date painted *a(nte) d(iem) XVII K(alendas) Febru(arias)* belongs to the Julian Calendar introduced by Caesar in 45 BC. and the year 40 BC can be determined on the basis of the nundinal cycle of 41-40 BC. thanks to the attestation of historical sources. The identification of the jurist *Q. Mucius Scaeuola*, to whom the villa on the Aniene river belonged, in ancient sources has led to a critical debate in the modern era: since the humanistic age the alternative has been posed between the *Augur* (†88 BC) and the *Pontifex Maximus* (†82 BC). We therefore proceed to the evaluation of the testimonies in Cicero, Columella, Pliny the Elder and Athenaeus and the interpretative paths from the 16th to the 21st century are examined to recognize the *Augur* or the *Pontifex Maximus*. Thus Sebastiano Corradi (1552), Franciscus Fabricius (1554), Friedrich Marx (1894), Enrica Malcovati (1965) and Ernst Badian (1967), and finally Jean-Louis Ferrary (1988, 2018) and Marc Mayer i Olivé (2021) are taken into consideration. We come to the conclusion that the *Augur* lived in a large *domus* in the urban center of Rome, while the *Pontifex Maximus* had a small suburban villa in the country side and was famous for having built it too small for his Catonian thrift and stoic frugality in the canteen, which led him to be one of only three Romans who respected the *lex Fannia* on the limits of luxury at the table. This information coincides with the building characteristics of the Villa del Giurista on the Aniene and with what is written on the *memorandum sumptuarium* represented in a fresco: it is therefore concluded that the villa belonged to *Q. Mucius Sceuola Pontifex Maximus*. At this point the question arises whether the owner of the

---

bolica' all'ombra di Aulo Ofilio?)], pp. 109-114, e ora BERTOLDI, *Il ruolo del pretore* cit. a n. 111, pp. 43-46 e P. BIAVASCHI, *La Villa del Giurista: lode alla tradizione*, in questo volume.

137 Cfr. COSTABILE, *La scoperta* cit. a n. 2, pp. 109-114 [*L'attività giurisprudenziale di Quinto fra i principi di certezza formale del diritto e buona fede*]; cui *adde*: S. RANDAZZO, Editio actionis *e ritualità processuale. Per una semiotica dell'accesso alla giustizia in diritto romano*, in *Scritti per Alessandro Corbino*, VI, Lecce 2016, pp.183-227; nonché la bibliografia e lo *status quaestionis* del dibattito ora diligentemente raccolti da A. ANGELOSANTO, *Prevedibilità degli esiti giudiziali e* ius controversum, Napoli 2020, *passim* e in part. pp. 1-14, 23-82.

villa in 40 BC. was the eldest son or the son of the son: the celebratory message of the moral and jurisprudential tradition of the *Mucii Scaeuolae* in the frescoes reveals, however, the *Weltanschauung* in the Caesarian age. The message represents thc Catonian frugality combined with the *hospitalitas* of the villa in the tradition of the *mores maiorum*, but also attributes to a *Mucius Sceuola* the invention of the category of *formulae* with certain *intentio* at a time characterized by different elements of archaicity: the language and the handwriting of the "Mucius Scevola's formula", the morphology of the waxed tablet for a judicial praetorian *edictum*, which evokes a reality prior to the *lex Cornelia de iurisdictione* of 67 BC, finally the use of the genitive of the *auctor* (*Formula Mucci Scaeulae*) instead of the more modern additive use (*Formula Muciana*), as demonstrated by M.P. Pavese. The new procedural document, which does not represent a *formula-iudicium* or a specific formula of the Praetorian Edict, but evokes an entire category of edictal formulas, the category with *intentio certa*, must be placed in relation to the laws *Silia*, *Aebutia* and *Calpurnia*, unfortunately of controversial chronology and raises the problem of the origin of the *agere per formulas*. A part of modern doctrine has recognized in the *lex Aebutia* the origin of the *agere per concepta uerba*, with the substitution of the formular *condictio* to the *legis actio per condictionem*. Instead, this founding 'invention' seems to be attributed in the waxed diptych to a *Mucius Scaeuola*; which raises the question whether the pictorial representation, which reflects a widespread belief in 40 BC, reflects a historical reality – whatever the character to be recognized among the different ones who bore that *nomen* and that *cognomen* – or is not the result of a typical 'annalistic manipulation' since we know that *P. Mucius Scaeuola*, *Pontifex Maximus* († 115 BC) published the *Annales Maximi* of the *Pontifices* for the first time, falsifying them with the introduction of legends that exalted his ancestors.

Se examina la excavación de la villa en el área de 'Salone' para reconocer a los propietarios que han encargado de las tres fases principales de construcción (alrededor del 150-40 aC). Luego procedemos al análisis del *memorándum suntuario* pintado en una pared y determinamos su cronología al 16 de enero del 40 a.C., que también fecha los frescos con la fórmula de *Mucius Sceuola* y la ampliación del edificio de la villa. La fecha pintada *a(nte) d(iem) XVII K(alendas) Febru(arias)* pertenece al Calendario Juliano introducido por César en el 45 a. C. y el año 40 a.C. puede determinarse sobre la base del ciclo nundinal de 41-40 a. C. gracias a la atestación de fuentes históricas. La identificación del jurista *Q. Mucius Scaeuola*, a quien pertenecía la villa en el río Aniene, en fuentes antiguas ha llevado a un debate crítico en la era moderna: desde la era humanista se ha planteado la alternativa entre el *Augur* (†88 a.C.) y el *Pontifex* Máximo (†82 a.C.). Se procede entonces a la valoración de los testimonios de Cicerón, Columela, Plinio el Viejo y Ateneo y se examinan los caminos interpretativos del siglo XVI al XXI para reconocer al *Augur* o al *Pontifex* Máximo. Así se toman en consideración Sebastiano Corradi (1552), Franciscus Fabricius (1554), Friedrich Marx (1894), Enrica Malcovati (1965) y Ernst Badian (1967), y finalmente Jean-Louis Ferrary (1988, 2018) y Marc Mayer i Olivé (2021). Llegamos a la conclusión de que el Augure vivía en una gran *domus* en el centro urbano de Roma, mientras que el *Pontífex Maximus* tenía una pequeña villa suburbana en el campo y era famoso por haberla construido demasiado pequeña para su ahorro y frugalidad catonia en la mesa, lo que le llevó a ser uno de los tres únicos romanos que respetaron la *lex Fannia* en los límites del lujo en la mesa. Esta información coincide con las características constructivas de la Villa del Giurista en el Aniene y con lo que está escrito en el *memorandum sumptuarium* representado en un fresco: por lo tanto, se concluye que la villa perteneció a *Q. Mucius Scaeuola Pontifex Maximus*. En este punto surge la cuestió de quién era el dueño de la villa en el 40 a.C., si era el hijo mayor o el hijo del hijo: el mensaje de celebración de la tradición moral y jurisprudencial de los *Mucii Scaeuolae* en los frescos revela, sin embargo, la *Weltanschauung* en la época cesárea. El mensaje representa la frugalidad catoniana combinada con la *hospitalitas* de la villa en la tradición de los *mores maiorum*, pero también atribuye a un *Mucius Scaeuola* la invención de la categoría de fórmulas con cierta *intentio* en una época caracterizada por diferentes elementos de arcaicidad: el lenguaje y la caligrafía de la "fórmula de Mucio Scevola", la morfología de la tablilla encerada para un *edictum* pretoriano jurisdiccional, que evoca una realidad anterior a la *lex Cornelia* de iurisdictione del 67 a.C., finalmente el uso del genitivo del *auctor* (*Formula Mucci Scaeulae*) en lugar del uso adjetivo más moderno (*Formula Muciana*), como lo demuestra M.P. Pavese. El nuevo documento procesal, que no representa una *formula-iudicium* o una fórmula específica del Edicto Pretoriano, sino que evoca toda una categoría de fórmulas edictales, la categoría con *intentio certa*, debe ubicarse en relación con las leyes *Silia*, *Aebutia* y *Calpurnia*, lamentablemente de cronología controvertida, y plantea el problema del origen del *agere per formulas*. Parte de la doctrina moderna ha reconocido en la *lex Aebutia* el origen del *agere per concepta uerba*, con la sustitución de la *condictio* formulare por la *legis actio per condictionem*. En cambio, esta 'invención' fundacional parece atribuirse en el díptico encerado a un *Mucius Scaeuola*; lo que plantea la cuestión de si la representación pictórica, que refleja una creencia generalizada en el 40 a. C., refleja una realidad histórica – sea cual sea el carácter a reconocer entre los diferentes que llevaban ese nomen y ese cognomen – o no es el resultado de una típica 'manipulación analística', dado que sabemos que *P. Mucius Scaeuola, Pontifex Maximus* (†115 a.C.) publicó por primera vez los Anales Máximos de los *Pontifices*, falseándolos con la introducción de leyendas que exaltaban a sus antepasados.

L'excavation de la villa dans la zone 'Salone' est examinée pour reconnaître les propriétaires qui ont commandé les trois principales phases de construction (environ 150-40 avant J.C.). On procède ensuite à l'analyse du *memorandum sumptuarium* peint sur un mur et on s'assure de sa chronologie au 16 janvier 40 av. La date peinte *a(nte) d(iem) XVII K(alendas) Febru(arias)* appartient au calendrier julien introduit par César en 45 et l'an 40 peut être déterminé sur la base du cycle nundinal de 41-40 av. J.C. grâce à l'attestation de sources historiques. L'identification du juriste *Q. Mucius Scaeuola*, à qui appartenait la villa sur la rivière Aniene, dans les sources anciennes a conduit à un débat critique à l'époque moderne: depuis l'âge humaniste, l'alternative a été posée entre l'Augure (†88 av. J.C.) et le Pape Maxime (†82 av. J.C.). Nous procédons donc à l'évaluation des témoignages de Cicéron, Columelle, Pline l'Ancien et Athénée et les chemins interprétatifs du XVIe au XXIe siècle sont examinés pour reconnaître l'Augure ou le Pape Maxime. Ainsi Sebastiano Corradi (1552), Franciscus Fabricius (1554), Friedrich Marx (1894), Enrica Malcovati (1965) et Ernst Badian (1967), et enfin Jean-Louis Ferrary (1988, 2018) et Marc Mayer i Olivé (2021) sont pris en considération. Nous arrivons à la conclusion que l'Augure vivait dans une grande *domus* dans le centre urbain de Rome, tandis que le *Pontifex Maximus* avait une petite villa de banlieue à la campagne et était célèbre pour l'avoir construite trop petite pour son économie catonienne et sa frugalité stoïque dans le cantine, ce qui l'a amené à être l'un des trois seuls Romains à respecter la *lex Fannia* sur les limites du luxe à table. Cette information coïncide avec les caractéristiques de construction de la Villa del Giurista sur l'Aniene et avec ce qui est écrit sur le *memorandum sumptuarium* représenté dans une fresque: il est donc conclu que la villa appartenait à *Q. Mucius Scaeuola Pontifex Maximus*. À ce stade, la question se pose de savoir si le propriétaire de la villa en 40 av. était le fils aîné ou le fils du fils: le message de célébration de la tradition morale et jurisprudentielle des *Mucii Scaeuolae* dans les fresques révèle cependant la *Weltanschauung* à l'époque césarienne. Le message représente la frugalité catonienne combinée à l'*hospitalitas* de la villa dans la tradition des *mores maiorum*, mais attribue également à un *Mucius Scaeuola* l'invention de la catégorie des formules avec *intentio certa* à une époque caractérisée par différents éléments d'archaïsme: la langue et l'écriture de la *Formula* de *Mucius Scaeuola*, la morphologie de la tablette de cire pour un édit prétorien juridictionnel, qui évoque une réalité antérieure à la *lex Cornelia de iurisdictione* de 67 av.), enfin, l'utilisation du génitif de l'*auctor* (*Formula Mucci Scaeulae*) au lieu de l'utilisation plus moderne de l'adjectif (*Formula Muciana*), comme l'a démontré M.P. Pavese. Le nouveau document procédural, qui ne représente pas une *formula-judicium* ou une formule spécifique de l'édit prétorien, mais évoque toute une catégorie de formules éditiques, la catégorie avec *intentio certa*, doit être mis en relation avec les lois *Silia*, *Aebutia* et *Calpurnia*, malheureusement de chronologie controversée, et pose le problème de l'origine de l'*agere per formulas*. Une partie de la doctrine moderne a reconnu dans la *lex Aebutia* l'origine de l'*agere per concepta uerba*, avec la substitution de la *condictio* formulare à la *legis actio per condictionem*. Au lieu de cela, cette 'invention' fondatrice semble être attribuée dans le diptyque ciré à un *Mucius Scaeuola*, ce qui pose la question de savoir si la représentation picturale, qui reflète une croyance répandue en 40 av., reflète aussi une 'manipulation annalistique', puisque nous savons que l'on sait que *P. Mucius Scaeuola Pontifex Maximus* (†115 av.) a publié pour la première fois les *Annales Maximi* des Papes, les falsifiant avec l'introduction de légendes qui exaltaient ses ancêtres.

È esaminato lo scavo della villa in località 'Salone' per riconoscere i committenti delle tre fasi principali di costruzione (150 circa - 40 a.C.). Si procede quindi all'analisi del *memorandum sumptuarium* dipinto su una parete e se ne accerta la cronologia al 16 gennaio del 40 a.C., che data anche gli affreschi con la formula di Mucio Scevola e l'ampliamento edilizio della villa. La data dipinta *a(nte) d(iem) XVII K(alendas) Febru(arias)* appartiene al Calendario Giuliano introdotto da Cesare nel 45 a.C. e l'anno 40 a.C. può determinarsi sulla base del ciclo nundinale del 41-40 a.C. grazie all'attestazione delle fonti storiche. L'identificazione del giurista *Q. Mucius Scaeuola*, cui appartenne la villa sul fiume Aniene, nelle fonti antiche ha determinato un dibattito critico in epoca moderna: fin dall'età umanistica si è posta l'alternativa fra l'Augure (†88 a.C.) e il Pontefice Massimo (†82 a.C.). Si procede pertanto alla valutazione delle testimonianze in Cicerone, Columella, Plinio il Vecchio e Ateneo e si esaminano i percorsi interpretativi dal XVI al XXI secolo per riconoscere l'Augure o il Pontefice Massimo. Così sono presi in considerazione Sebastiano Corradi (1552), Franciscus Fabricius (1554), Friedrich Marx (1894), Enrica Malcovati (1965) ed Ernst Badian (1967), e infine Jean-Louis Ferrary (1988, 2018) e Marc Mayer i Olivé (2021). Si giunge alla conclusione che l'Augure abitava una grande *domus* nel centro urbano di Roma, mentre il Pontefice Maassimo aveva una piccola villa suburbana in campagna ed era famoso per averla costruita troppo piccola per la sua parsimonia catoniana e per la frugalità stoica nella mensa, che lo portava ad essere uno dei soli tre romani che rispettavano la *lex Fannia* sui limiti nel lusso a tavola. Queste informazioni coincidono con le caratteristiche edilizie della Villa del Giurista sull'Aniene e con quanto scritto sul *memorandum sumptuarium* rappresentato in un affresco: si conclude pertanto che la villa appartenne a Q. Mucio Scevola *Pontifex Maximus*. Si pone a questo punto il problema se il proprietario della villa nel 40 a.C. fosse il figlio primogenito o il figlio del figlio: il messaggio celebrativo della tradizione morale e giurisprudenziale dei *Mucii Scaeuolae* negli affreschi ne rivela comunque la *Weltanschauung* in età cesariana. Il messaggio rappresenta la frugalità catoniana coniugata alla *hospitalitas* della villa nella tradizione dei *mores maiorum*, ma inoltre attribuisce a un Mucio Scevola l'invenzione della categoria di formule con *intentio certa* in un tempo connotato da diversi elementi di arcaicità: la lingua e la grafia della 'formula di Mucio Scevola', la morfologia della tavoletta cerata per un *edictum* pretorio giurisdizionale, che evoca una realtà anteriore alla *lex Cornelia de iurisdictione* del 67 a.C., infine l'uso del genitivo dell'*auctor* (*Formula Mucci Scaeulae*) anziché il più moderno uso aggettivale (*Formula Muciana*), come dimostrato da M.P. Pavese. Il nuovo documento processuale, che non rappresenta una *formula-iudicium* né una determinata formula dell'Editto pretorio, ma evoca una intera categoria di formule edittali, la categoria con *intentio certa*, va posto in relazione alle leggi *Silia*, *Aebutia* e *Calpurnia*, purtroppo di cronologia controversa, e pone il problema dell'origine dell'*agere per formulas.* Una parte della dottrina moderna ha riconosciuto nella *lex Aebutia* l'origine dell'*agere per concepta uerba*, con la sostituzione della *condictio* formulare alla *legis actio per condictionem*. Invece tale 'invenzione' fondativa sembra essere attribuita nel dittico cerato a un Mucio Scevola; il che pone il problema se la rappresentazione pittorica, che riflette una convinzione diffusa nel 40 a.C., rifletta anche una realtà storica – quale che sia il personaggio da riconoscere fra i diversi che portarono quel *nomen* e quel *cognomen* – o non sia frutto di una tipica 'manipolazione annalistica' ,dato che sappiamo che *P. Mucius Scaeuola*, *Pontifex Maximus* (†115 a.C.) pubblicò per la prima volta gli Annali Massimi dei Pontefici, falsificandoli con l'introduzione di leggende che esaltavano i suoi antenati.

KEYWORDS

Villa del Giurista, Memorandum sumptuarium, Formula Mucii Scaevolae, Roman civil trial, instrumentum scriptorium

Fig. 45. Posizionamento della Villa dei *Mucii Scaevolae* sotto il "Cavalcavia di Salone" e della Villa dei *Rutilii* sulla via Ardeatina, subito fuori di Porta Appia (oggi Porta San Sebastiano: v. p. 389 e n. 7).

GENEALOGIA MVCIORVM SCAEVOLARVM PROTOTYPIS MÜNZERIANO ANNI 1935, EILERSIANO-MILNERIANO ANNI 1995 AC ZANINIANO ANNI 2019 EMENDATIS ANNO 2021 A FELICE COSTABILE RESTITVTA

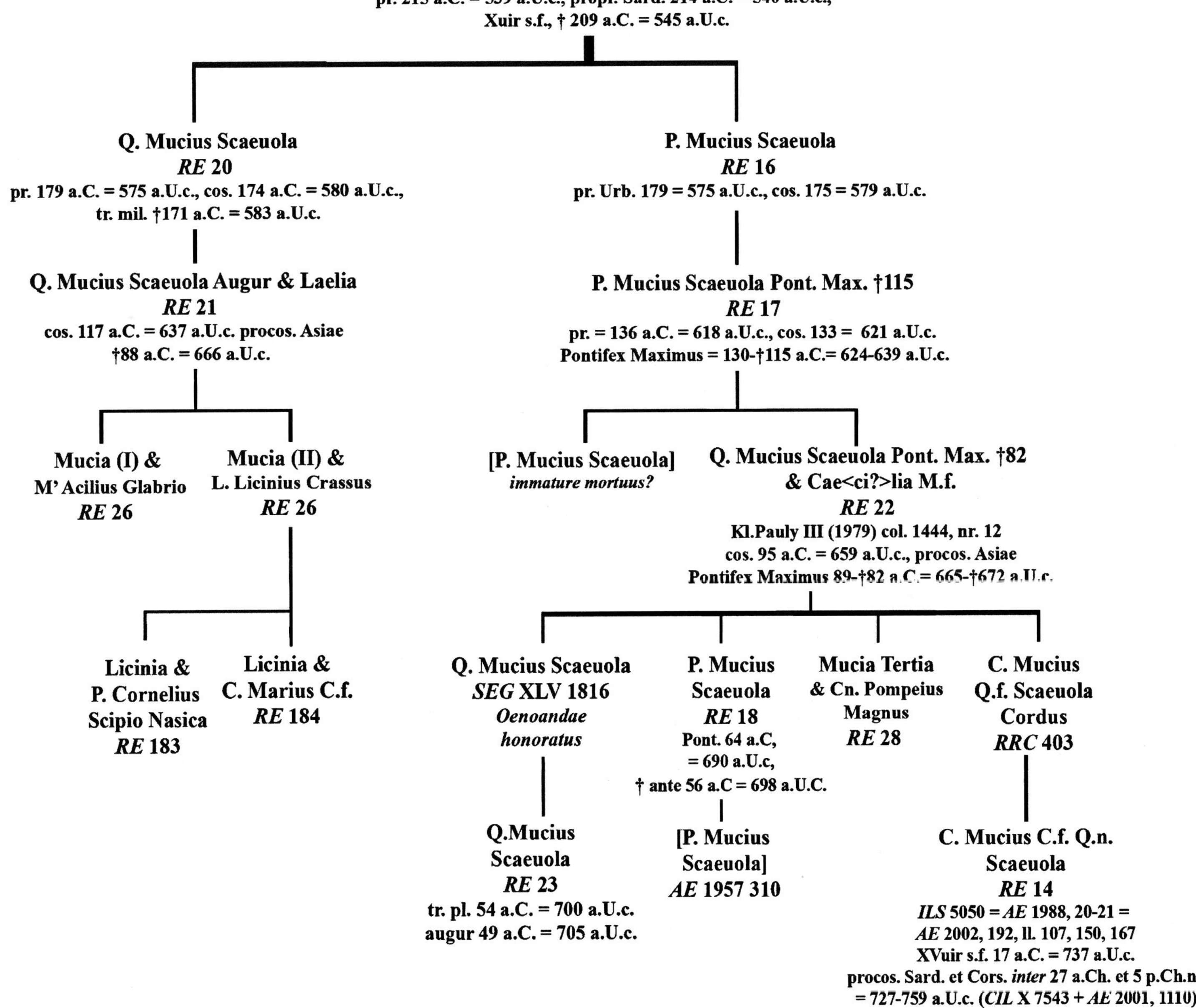

Finito di stampare in Roma nel mese di settembre 2022 per conto de
«L'ERMA» di BRETSCHNEIDER
da Services4Media - Viale Caduti di Nassiriya, 39, 70124 Bari